Michaela Labudda / Marcus Leitschuh (Hg.)

Synodaler Weg – Letzte Chance?

Michaela Labudda

Marcus Leitschuh

Synodaler Weg
Letzte Chance?

Standpunkte zur Zukunft der
katholischen Kirche

BONIFATIUS

Bibliografische Information der Deutschen Nationalbibliothek
Die Deutsche Nationalbibliothek verzeichnet diese Publikation in
der Deutschen Nationalbibliografie; detaillierte bibliografische
Daten sind im Internet über http://dnb.ddb.de abrufbar.

Coverfoto: barrirret/adobe.stock

Covergestaltung: Melanie Schmidt, Bonifatius GmbH

© 2020 by Bonifatius GmbH Druck · Buch · Verlag Paderborn

ISBN 978-3-89710-859-2

Gesamtherstellung:
Bonifatius GmbH Druck · Buch · Verlag Paderborn

Inhalt

Vorwort

Wohl kaum eine Formulierung wird im Zusammenhang des Synodalen Weges so oft genutzt, wie „letzte Chance". Es sei „unsere letzte Chance, wenn wir eine Bedeutung in der Gesellschaft haben wollen", sagte ZdK-Vizepräsidentin Karin Kortmann gegenüber Matthias Drobinski in der „Süddeutschen Zeitung", die gar mit „Letzte Chance" im November 2019 titelte. Ob „Reformprozess als letzte Chance" (Jürgen Erbacher, zdf.de) oder die Rede von der „letzten Chance, verlorenes Vertrauen zurückzugewinnen" (kfd Bundesverband), immer wieder hört man diese beiden Worte.

Mit diesem Buch wollen wir Ihnen Einblicke in den Synodalen Weg bieten. Wir haben Menschen aus der Vollversammlung und den vier Foren gewinnen können. Aber auch solche mit Blicken über die Weggrenzen hinaus. Es sind persönliche Fenster und Luken in den Maschinenraum. Dabei kommen auch junge Stimmen zu Wort. Das Buch erscheint, noch bevor ein einziger Satz beschlossen ist. Uns ist es wichtig, Sie als Leserinnen und Leser genau zu diesem Zeitpunkt mitzunehmen, Informationen zu vermitteln und den Weg dadurch ein Stück transparenter werden zu lassen.

Verständnis müssen wir dabei für angefragte Autorinnen und Autoren aufbringen, die genau zu diesem Zeitpunkt keinen Buchbeitrag leisten wollten, weil sie eine moderierende oder leitende Funktion eingenommen haben. Leider ist dies aber auch ein Zeichen dafür, wie behutsam und störanfällig die „Synodale Weggemeinschaft" (Matthias Drobinski) unterwegs ist. Die methodischen Schuhe sind noch nicht eingelaufen. Die Angst vor einer Sackgasse ist greifbar. Wie auch die Sorge, die Langsamen am hinteren Gruppenteil ebenso zu verlieren wie die zu Schnellen an der Spitze.

Wir sind beide Mitglieder des Synodalen Weges und vertreten gleichzeitig als Mitglieder im Zentralkomitee der deutschen Katholiken (ZdK) unterschiedliche katholische Erfahrungswelten. Er: Lehrer und Autor, ehrenamtlich im Pfarrgemeinde- und Katholikenrat der nordhessischen Diaspora im Bistum Fulda. Sie: Gemeindereferentin, Dozentin, Vorsitzende des Bundesverbands der Gemeindereferent/-innen Deutschlands und aus dem katholisch geprägten Erzbistum Paderborn. Sie: Mitglied in einem vorbereitenden Forum und auch jetzt im Forum „Priesterliche Existenz heute" – Teil vieler interner Gespräche, Mails und Debatten. Er: Wie die meisten Mitglieder der Synodalversammlung in keinem Forum und dadurch auch etwas ratlos über die eigene Rolle auf dem Weg.

Unsere Erfahrung als Synodale, sowie als Herausgeber und Herausgeberin: Es stehen sich in der Kirche und beim Synodalen Weg nicht zwei Blöcke gegenüber. Hier die liberalen Reformkräfte und da die konservativ Bewahrenden – dieses Muster ist zu einfach. Es gibt nicht dort Nachlaufen des Zeitgeistes und andernorts stumpfen Vorkonziliarismus. Es gibt freilich medial aufgebauschte Scheinriesen. Wo aber ernsthaft um die Bewältigung des Auftrags auf der Grundlage der MHG-Studie und um die Zukunft gerungen wird, hat der Synodale Weg eine Chance. Deshalb wollen wir genau diesen Dialog mit diesem Buch stärken. Wir danken allen, die durch ihre Texte dazu beitragen. Es stand den Mitwirkenden frei, wie sie ihren Text gestalten wollen und wie sie mit Sprache – auch mit geschlechtergerechten Formulierungen - umgehen möchten. Auch hierin drückt sich Vielfalt aus.

Durch die Corona-Pandemie wurden aus der zweiten Vollversammlung fünf Regionenkonferenzen. Auch im Frühjahr 2021 wird keine Vollversammlung stattfinden können. Geplant ist ein digitales Hearing. Der Synodale Weg kommt ins Stocken, muss kreativ werden.

Das vorliegende Buch kann einen Beitrag leisten, indem es hilft innezuhalten, sich neu zu sortieren, nach vorne zu blicken und sich eine eigene Meinung zu bilden. Es wird den Blick auf den Fortgang des Synodalen Wegs verändern, es deckt Gründe für mögliche Umwege auf und macht die Hauptwege deutlich. Kurz: Es macht die Lesenden zu Weggefährten. Jeder Schritt zählt. Schreiten wir mutig voran!

Michaela Labudda

Marcus Leitschuh

Am 19.11.2020, dem Fest der Heiligen Elisabeth von Thüringen. Sie beschritt neue Wege. Sie verband Spiritualität und konkrete Nächstenliebe. Ihr Glaube führte sie als mutige Frau aus der sicheren Burg auf Wege zu den Menschen.

© Synodaler Weg/Besim-Mazhiqi

„So kann es nicht weitergehen" – Einführung in den Synodalen Weg

Marcus Leitschuh

Der Synodale Weg der katholischen Kirche in Deutschland dient seit dem 1. Advent 2019 der Suche nach Schritten der Erneuerung und der Rückgewinnung von Vertrauen nach den Missbrauchsfällen im Bereich der katholischen Kirche. Synodalität meint dabei – in Anlehnung an eine Formulierung aus dem Bistum Trier: Zuhören wollen und können. Beratung zulassen und als Notwendigkeit sehen. Mut zeigen, um Neues zu wagen.

„Der Ausgangspunkt war die Diskussion um die Missbrauchskrise. Das wird immer schnell vergessen, weil man meint, die Krise sei vorüber", beschrieb es der damalige Vorsitzende der Deutschen Bischofskonferenz, Reinhard Kardinal Marx. „Nein, wir haben uns den Ursachen und Konsequenzen noch nicht ausreichend gestellt. Die Themen des Synodalen Wegs sind aus der Studie über den Missbrauch erwachsen. Es ist auffällig, dass die Wissenschaftler dieselben Fragen aufwerfen, die schon seit längerem in der Kirche diskutiert werden." So begründete Marx Idee und Aufgabe des Synodalen Weges im Januar 2020 gegenüber katholischen Kirchenzeitungen.

Die Vollversammlungen der Deutschen Bischofskonferenz im Herbst 2018 und Frühjahr 2019 standen unter dem Eindruck der sogenannten MHG-Studie („Sexueller Missbrauch an Minderjährigen durch katholische Priester, Diakone und männliche Ordensangehörige im Bereich der Deutschen Bischofskonferenz").

Die Studie hatte offenbart: In Akten der 38.156 Kleriker der 27 Diözesen aus den Jahren 1946 bis 2014 fanden sich bei 1.670 Klerikern Hinweise auf Beschuldigungen des sexuellen Missbrauchs Minderjähriger. Diese Zahl stellt eine untere Schätzgröße dar; der tatsächliche Wert liegt aufgrund der Erkenntnisse aus der Dunkelfeldforschung höher. Den Beschuldigten konnten insgesamt 3.677 Kinder und Jugendliche als von sexuellem Missbrauch betroffen zugeordnet werden.

Bei der Bischofskonferenz in Lingen wurde im Frühjahr 2019 deutlich: Erschütterungen verlangen besondere Vorgehensweisen. Kardinal Marx brachte es auf den Punkt: „Die Missbrauchsstudie und in ihrer Folge die Forderung vieler nach Reformen zeigen: Die Kirche in Deutschland erlebt eine Zäsur." Es gelte, frei zu werden „von Blockierungen des Denkens". Er erklärte deshalb, dass man einstimmig beschlossen habe, „einen verbindlichen Synodalen Weg als Kirche in Deutschland zu gehen, der eine strukturierte Debatte ermöglicht und in einem verabredeten Zeitraum stattfindet, und zwar gemeinsam mit dem Zentralkomitee der deutschen Katholiken. Wir werden Formate für offene Debatten schaffen und uns an Verfahren binden, die eine verantwortliche Teilhabe von Frauen und Männern aus unseren Bistümern ermöglichen. Wir wollen eine hörende Kirche sein. Wir brauchen den Rat von Menschen außerhalb der Kirche." Der damalige Vorsitzende der Bischofskonferenz, erläuterte, welche Aspekte eine Rolle spielen sollen. Man wisse um „die Fälle klerikalen Machtmissbrauchs". Der Synodale Weg müsse klären, „was getan werden muss, um den nötigen Machtabbau zu erreichen und eine gerechtere und rechtlich verbindliche Ordnung aufzubauen". Man wisse zudem, „dass die Lebensform der Bischöfe und Priester Änderungen fordert, um die innere Freiheit aus dem Glauben und die Orientierung am Vorbild Jesu Christi zu zeigen". Zwar schätze man den Zölibat als Ausdruck der religiösen Bindung an Gott, „wie weit er zum Zeugnis des Priesters in unserer Kirche gehören muss, werden wir herausfinden", so Marx. Die Sexualmoral der Kirche habe „entscheidende Erkenntnisse aus Theologie und Humanwissenschaften noch nicht rezipiert." Das Resultat für Kardinal Marx: „Die Moralverkündigung gibt der überwiegenden Mehrheit der Getauften keine Orientierung. Sie fristet ein Nischendasein. Wir spüren, wie oft wir nicht sprachfähig sind in den Fragen an das heutige Sexualverhalten." Marx wörtlich in der Pressekonferenz: „So kann es nicht weitergehen."

Die deutschen Pläne wurden auch Papst Franziskus vorgestellt, der daraufhin - zum ersten Mal in der Geschichte der Gegenwart – im Juni 2019 einen Brief „an das pilgernde Volk Gottes in Deutschland" schrieb. Darin machte er deutlich, „das Evangelium der Gnade mit der Heimsuchung des Heiligen Geistes sei das Licht und der Führer, damit ihr euch diesen Herausforderungen stellen könnt". Er sprach sich für eine Stärkung der Evangelisierung aus, sprach aber auch die konkrete Situation nach den Missbrauchsfällen in Deutschland an: „Ich (...) möchte Euch nahe sein und Eure Sorge um die Zukunft der Kirche in Deutschland teilen. Wir sind uns alle bewusst, dass wir nicht nur in einer Zeit der Veränderungen leben, sondern vielmehr in einer Zeitenwende, die neue und alte Fragen aufwirft, angesichts derer eine Auseinandersetzung berechtigt und notwendig ist."

Eine erste Fassung der Satzung wurde zunächst aus Rom kritisch gesehen. Der Synodale Weg müsse „effektiv und im Einklang mit der Weltkirche beschritten werden", heißt es in einem Brief des Leiters der vatikanischen Bischofskongregation, Kardinal Marc Ouellet.

ZdK-Präsident Prof. Thomas Sternberg betonte bei der Gemeinsamen Konferenz am 5. Juli 2019 die Entschlossenheit des ZdK, den Synodalen Weg partnerschaftlich mitzugestalten: „Vor dem Hintergrund der epochalen Umbrüche und tiefgreifenden Krisen ist die Kirche als Sinn- und

Autoritätsinstanz infrage gestellt. Denn in Zeiten, in denen Menschen unterschiedlicher Denkart auf Suche nach Sinn und Orientierung sind, ausgerechnet in dieser Krise wird unserer Kirche immer weniger vertraut und immer weniger zugetraut. Darüber müssen wir sprechen und Antworten auf die Herausforderungen finden. Und wir müssen handeln!"

Es wurden Themen für drei vorbereitende Foren aus der MHG Studie gefolgert. Diese wurden auf Intervention durch das ZdK um „Frauen in Diensten und Ämtern in der Kirche ergänzt. Zur inhaltlichen Vorbereitung trafen sich im September 2019 in der erweiterten „Gemeinsamen Konferenz" rund 50 Vertreter der Deutschen Bischofskonferenz und des Zentralkomitees der deutschen Katholiken. Zuvor hatten die gut 230 Mitglieder des ZdK als höchstes Laiengremium in Deutschland einstimmig die Einladung zur Mitwirkung auf dem Weg angenommen.

Kardinal Marx und Thomas Sternberg schrieben deshalb an alle Gläubigen. Sie machten deutlich: „Die Botschaft des Evangeliums wurde verdunkelt, ja sogar aufs Schrecklichste beschädigt. Wir denken dabei besonders an den sexuellen Missbrauch an Kindern und Jugendlichen. Wir müssen Konsequenzen daraus ziehen und dafür sorgen, dass die Kirche ein sicherer Ort ist." Gemeinsam wolle man auf dem Weg suchen, „wie wir als Kirche heute den Menschen, der Welt und Gott dienen können, wie wir die ‚Freude und Hoffnung, Trauer und Angst der Menschen von heute, besonders der Armen und Bedrängten aller Art' teilen können, wie es das Zweite Vatikanische Konzil vor über 50 Jahren ausgedrückt hat." Den Glauben neu verkünden zu wollen, verlange, „dass wir das Gespräch besonders über Themen führen, die der Verkündigung im Wege stehen, wenn sie nicht geklärt werden", so Marx und Sternberg. Es sei ein offener Weg, der zu Beschlüssen und Voten an die jeweils zuständigen kirchlichen Verantwortlichen führen solle. Dabei sei es selbstverständlich, die Einheit der Kirche zu wahren. Beschlüsse, deren Themen einer gesamtkirchlichen Regelung vorbehalten sind, werden daher dem Apostolischen Stuhl als Votum des Synodalen Weges übermittelt.

Mit dem Brief startete auch eine erste Wegphase. Auf der Internetseite www.synodalerweg.de konnten Interessierte ihre Meinung zu den geplanten Themen äußern. Mehr als 5.300 Eingaben gingen ein.

Mit einem Appell, Kirche lebendig zu gestalten, startete am 1. Februar 2020 in Frankfurt am Main die erste Synodalversammlung. Es hatten sich rund 230 Mitglieder der Synodalversammlung und 20 Beobachter aus dem benachbarten Ausland und der Ökumene versammelt. Die Synodalversammlung ist das oberste Organ des Synodalen Weges und fasst die Beschlüsse. Ihr gehören die 69 Mitglieder der Deutschen Bischofskonferenz, 69 Vertreter des Zentralkomitees der deutschen Katholiken (31 Frauen und 38 Männer) sowie weitere Vertreterinnen und Vertreter geistlicher Dienste und kirchlicher Ämter, junge Menschen und Einzelpersönlichkeiten an. Bunt gemischt von der Ordensfrau bis zur Pfarrhaushälterin, von Kolping bis KAB, Theologinnen und Priesterräte, Vertreterinnen geistlicher Gemeinschaften und Generalvikare. 121 Laien und 109 Geistliche.

Die erste Synodalversammlung begann mit der Eucharistiefeier im St. Bartholomäus-Dom zu Frankfurt, der sich auch die Eröffnung im Dom anschloss. Der Sitzungsteil fand zwei Tage im ehemaligen Dominikanerkloster statt – heute ein evangelisches Tagungshaus.

Neben einer theologischen Grundlegung über den Begriff „Synodalität" und der Verabschiedung der Geschäftsordnung stand die inhaltliche Auseinandersetzung mit den vier Themen für die Synodalforen im Vordergrund der Beratungen. Diese umfassen die Bereiche „Macht und Gewaltenteilung in der Kirche – Gemeinsame Teilnahme und

Teilhabe am Sendungsauftrag", „Priesterliche Existenz heute", „Frauen in Diensten und Ämtern in der Kirche" und „Leben in gelingenden Beziehungen – Liebe leben in Sexualität und Partnerschaft".

Zu den Beobachterinnen und Beobachtern der Vollversammlung gehört u.a. auch Dr. Thies Gundlach von der Evangelischen Kirche in Deutschland (EKD). Er brachte in einem Grußwort seinen Respekt zum Ausdruck „für Ihren gemeinsamen Mut, sich auf diesen öffentlich beobachtbaren Klärungsprozess untereinander einzulassen, mit allen Risiken und Nebenwirkungen, für die – außer Gottes guter Geist – nur Sie selbst der Arzt oder Apotheker sein können." Es gehe nicht „um Peanuts, es geht nicht um Adiaphora, Sie alle gemeinsam trauen sich eine Operation am offenen Herzen zu – gleichsam unter größtmöglicher öffentlicher Aufmerksamkeit. Da kann man als protestantischer Beobachter nur sagen: Chapeau, Respekt vor Ihrem Mut." Zwar habe keines der Synodalforen die Ökumene zentral als Thema, und doch seien alle vier Themen ökumenisch höchst relevant, denn „wir stehen als Christen in unserer modernen Welt gemeinsam ein für die Glaubwürdigkeit der Verkündigung des Evangeliums."

Reinhard Kardinal Marx zog eine positive Bilanz der ersten Synodalversammlung. „Das Experiment ist im ersten Akt gelungen. Spürbar war ein neues Miteinander, das sich in der Form der Gottesdienste, im gegenseitigen Zuhören bis hin zur Sitzordnung gezeigt hat. Die Versammlung war ein großartiger Querschnitt der Kirche in unserem Land. Wir sind dankbar für die Offenheit und Ehrlichkeit und den guten Umgangston von Anfang bis zum Ende", so Kardinal Marx. In Frankfurt habe man gespürt, dass sich die Kirche trotz aller Krisen im Aufbruch befinde. „Es ist ein Suchen, Ringen und Positionieren, aber es ist gelungen, Barrieren, die uns blockieren, abzubauen. Der Synodale Weg ist ein Prozess,

Neues zu wagen, er ist ein geistliches Experiment", so Kardinal Marx. „Dieses Experiment ist davon geprägt, dass wir keine Mauern um uns herum aufbauen, dass es keine Tabus in der Debatte gibt, sondern alles geprägt sein muss von der Frage, wie wir als Kirche glaubwürdiger werden." Thomas Sternberg betonte, dass die ersten Schritte gemacht seien: „Viele Reformthemen wurden deutlich angesprochen. In klarer Sprache eröffnete sich ein Kaleidoskop von Standpunkten, Meinungen und Erfahrungen."

Die Corona-Pandemie wirkt sich auch auf den Fortgang des Synodalen Weges aus. Statt der im September 2020 vorgesehenen Synodalversammlung gab es eine eintägige Regionenkonferenz, die zeitgleich an fünf verschiedenen Orten mit jeweils 50 Teilnehmenden stattfand. „Der Geist des Aufbruchs lebt", sagte ZdK-Präsident Thomas Sternberg bei der Videopressekonferenz. Zugleich widersprach er Wahrnehmungen, wonach Bewahrer und Reformer einander gegenüberstünden. Es gebe keine „zwei großen feindlichen Lager".

Auch der neue Vorsitzende der Deutschen Bischofskonferenz, Limburgs Bischof Georg Bätzing, geht den Weg zusammen mit dem Präsidium des Synodalen Weges – Thomas Sternberg, Bischof Franz-Joseph Bode und Karin Kortmann – weiter: „Der Synodale Weg ist kraftvoll und lebendig", so Bätzing. Er setze darauf, dass es am Ende intensiver Beratungen Beschlüsse geben werde, die Veränderungen nach sich ziehen werden.

(unter Verwendung der Seite
www.synodalerweg.de)

Kapitel 1

Kompasssuche und die

Frage nach dem Orientierungspunkt –

Motivation und Erwartungen

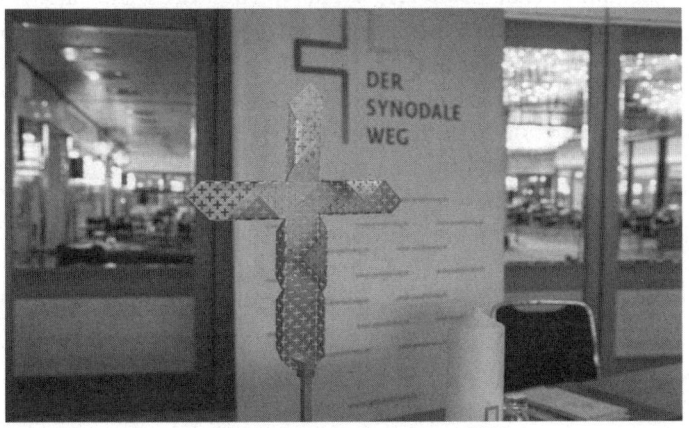

Regionenkonferenz in München am 4. September 2020
© Synodaler Weg/Robert Kiderle

230 Menschen gestalten die Synodalversammlung. Sie stehen für eine Vielzahl von Zugängen, Hoffnungen, Motivationen und Zweifeln in Bezug auf den Synodalen Weg und die Zukunft der Kirche. Alle Mitglieder sind an unterschiedlichsten Stellen haupt- und ehrenamtlich kirchengestaltend aktiv. Nicht wenige Synodale bringen auch eine persönliche Leidensgeschichte mit. Doch alle sind einig: Es ist Zeit für einen Wandel. Vor allem, aber nicht nur wegen der Missbrauchsfälle. Aber wie werden die Diskussionen gestaltet sein, welche Sprache wird gefunden? Gibt es eine Hoffnung auf Verständigung oder sind die unterschiedlichen Meinungen doch zu stark zementiert? Welcher Weg ist richtig? Über Hoffnungen und Befürchtungen, über die Suche nach Orientierung und Ziel auf dem Weg berichten Menschen in diesem Kapitel. Wohin kann der Weg führen? Warum gehe ich mit? Antworten reichen von Scham (Müller) über prophylaktische Resignation und nüchterne Realitätsbetrachtung zu deutlicher oder trotzender Hoffnung (Labudda). Können wir lernen, die Vielfalt in der Einheit zu sehen (Kollig)? Wird sich Synodalität als geistliche Grundhaltung (Holtkotte) erweisen?

Denn ich möchte mich
nicht mehr
für meine Kirche schämen ...

Johanna Müller, *2003: jüngstes Mitglied
der Synodalversammlung, Schülerin,
Mitarbeit im Forum I.

„‚Wie authentisch sie gerne katholisch sind ...‘ – so sagte eine Vertreterin der ‚Katholischen Frauengemeinschaft Deutschlands‘ (kfd) über die jungen Menschen, die Mitglieder der Synodalversammlung sind. ‚Wie authentisch sie gerne katholisch sind ...‘ – Ich bin gerne katholisch und das authentisch zu sein, da gebe ich mir Mühe.

In der vergangenen Woche wurde das wieder auf die Probe gestellt. Ich durfte in einem Religionskurs der Oberstufe an unserer Schule über den Synodalen Weg berichten.

Vor Gleichaltrigen diesen ‚Laden‘ zu vertreten – das ist immer wieder eine Herausforderung. Und wenn sich nichts verändert, dann bin ich auch nicht mehr lange bereit, mich mit ‚der katholischen Kirche‘ zu identifizieren.

Die Kirche ist in meinen Augen zurzeit eine niedergeschlagene, ängstliche und konservative Institution. Der Alltag mit ihr ist zumeist frustrierend.

Andererseits ist der Glaube – und so die Kirche, in der wir in Gemeinschaft diesen Glauben leben können – eine Heimat für mich. Große Chortreffen und Ereignisse über die Grenzen der Pfarrei hinaus zeigen mir, dass wir nicht allein sind. Sie machen mir wieder bewusst, was ich durch die Kirche habe. Sie ermutigen mich.

Und jetzt der Synodale Weg. Eine große Chance? Zumindest die einzige Möglichkeit, die wir gerade haben. Ich nehme am Synodalen Weg teil, weil ich mir eine Kirche mit mehr

Glaubwürdigkeit wünsche. Jung und Alt sollen sich von dieser Kirche angesprochen und aufgenommen fühlen. Sie soll authentisch und dabei unaufdringlich als Gemeinschaft auftreten. Denn ich möchte mich nicht mehr für meine Kirche schämen!"

Auf die Frage hin, wie ich die Kirche heute sehe und was mir überhaupt an ihr liegt, habe ich im März 2020 für ein Statement im Gottesdienst meiner Heimatpfarrei obigen Text geschrieben. Auch wenn ich versucht habe, das aufzuschreiben, was mich motiviert in dieser Kirche zu bleiben, treiben mich zumeist die Dinge um, die mich wütend machen und frustrieren. Es fällt mir immer schwerer, die guten Erfahrungen und Bereicherungen im Blick zu behalten. Gerade wenn in Gesprächen mit meinen Schulkameraden die katholische Kirche Thema wird, fehlen mir die Argumente. Ich kann meine Kirche kaum noch erklären, geschweige denn verteidigen: Die Diskriminierung von Frauen, Homosexuellen und deren Beziehungen, nicht zuletzt die hierarchischen Strukturen in der katholischen Kirche – das alles bildet eine Parallelwelt, einen Gegensatz zum Leben meiner Generation und einen Gegensatz zu den demokratischen Errungenschaften in unserer Gesellschaft.

Aber genau in diesen Situationen, in denen ich mich nicht selten für die Kirche schäme, bin ich dankbar, den Synodalen Weg mitgehen und mich direkt für Reformen einsetzen zu können.

Mittlerweile ist viel passiert. Ich erinnere mich noch gut an die erste Synodalversammlung. Ich habe mich auf dieses Ereignis gefreut und doch war ich sehr nervös. Wortmeldungen, Diskussionen, Interviews – nach drei Tagen in Frankfurt schwirrte mir der Kopf, doch die Menschen, die Offenheit und der Austausch haben mich begeistert. Ich habe schnell Kontakte knüpfen können und bin zuversichtlich in die Forumsarbeit gegangen.

Es folgten Monate, welche vom Corona-Lockdown geprägt waren und nach denen man vielleicht glaubte, der Synodale Weg verliefe im Sand. Dies war nicht der Fall. Im Juli trafen wir uns zur ersten Sitzung des Forums „Macht und Gewaltenteilung in der Kirche – Gemeinsame Teilnahme und Teilhabe am Sendungsauftrag". Plötzlich war ich unsicher: Was mache ich hier? Was ist meine Rolle? Was habe ich überhaupt zu sagen? Werde ich in dieser Runde gehört? Unter Personen mit „Rang und Namen", Menschen mit Erfahrung und theologischer Expertise fühlte ich mich automatisch klein. Doch das war vor allem meine Empfindung. Ich wurde nach meiner Einschätzung gefragt, und ich habe gemerkt: meine Meinung zählt. Gespräche am Rande der Diskussionen und positive Rückmeldungen haben mich ermutigt. Die junge Stimme ist eine so wichtige: Aufzeigen, woher wir kommen (nämlich von der MHG-Studie), auf eine verständliche Sprache hinweisen, Präzision fordern und Lebensnähe einbringen. – Nach einem Sommer Forumsarbeit habe ich meine Rolle gefunden.

Durch die vielen Begegnungen und das Kennenlernen von Menschen hat sich mein Eindruck von Kirche gewandelt – die Kirche, die ich beim Synodalen Weg erleben darf, ist keine niedergeschlagene, ängstliche oder konservative.

Im Gegenteil: Menschen treten für ihre Kirche ein, obwohl sie nicht selten frustriert und niedergeschlagen sind. Sie wollen, dass sie sich verändert, dass sie wieder glaubwürdig wird. Sie werden nicht einfach aufgeben und sie lassen es nicht zu, dass die Kirche sich immer weiter von den Menschen und ihrem Leben entfernt, dass sich das Gemeindeleben und der christliche Glaube (nur) in einer Parallelwelt abspielen.

Meine Beweggründe und meine Motivation haben sich nach einem Jahr Synodalem Weg nicht verändert. Sie wurden durch Begegnungen mit genau solchen Menschen gefestigt und angefeuert. Es ist unglaublich bereichernd und bestärkend, sich mit Gleichgesinnten in dieser Hinsicht auszutauschen. Beim Synodalen Weg habe ich unabhängig vom Alter viel mehr Gemeinschaft der Gläubigen erfahren können als im Gemeindeleben bei uns zu Hause im Münsterland.

Vor kurzem wurde ich gefragt, wo und wie ich Kirche in 50 Jahren sehe. Für mich hängt diese Frage eng mit dem Synodalen Weg und daraus resultierenden möglichen Veränderungen zusammen:

Ich gehe davon aus, dass wir im Jahr 2070 wenn überhaupt eine andere Institution Kirche haben werden, denn die heute noch existierenden Strukturen sind nicht zukunftsfähig. Im besten Fall ist die Kirche in 50 Jahren schon lange durch die momentane Krise hindurch.

Zudem bin ich der Ansicht, dass bis 2070 immer weniger Menschen der Institution Kirche angehören werden – unabhängig von der Anzahl der Gläubigen. Darin sehe ich jedoch auch eine gute Chance und eine Art Neustart. Es wird eine neue, vielleicht bessere Gemeinschaft unter den Gläubigen geben.

Ich erträume mir eine Kirche, für die ich mich nicht mehr schämen muss. Eine Kirche, von der sich Jung und Alt angesprochen und aufgenommen fühlen. Eine Kirche, die unaufdringlich, authentisch und glaubwürdig als Gemeinschaft auftritt.

Wir sind noch am Anfang dieses Weges und ich freue mich, aufgrund meines Alters als eine der wenigen meiner Altersstufe, die sich momentan für Reformen in unserer Kirche einsetzt, die gesamte Entwicklung und schließlich auch eine Kirche im Jahr 2070 erleben zu dürfen.

Zum gemeinsamen Lernen berufen

P. Manfred Kollig SSCC, *1956,
Generalvikar Erzbistum Berlin,
Mitglied der Synodalversammlung

Erwartung

Vom Synodalen Weg erwarte ich, dass alle, die sich direkt in Foren und Versammlungen oder indirekt im Rahmen von Veranstaltungen auf diözesaner oder lokaler Ebene oder durch die Beteiligung im Rahmen von Social-Media-Formaten auf diesen Weg machen, sich als Teil einer *Lerngemeinschaft* erfahren. Keiner weiß alles, keiner weiß nichts. Die Grundhaltung, dass wir aufgrund des Geistwirkens zu den bekannten und schon seit Jahrzehnten diskutierten Themen noch neue Aspekte kennenlernen und andere Perspektiven einnehmen können, ist Voraussetzung für ein konstruktives Miteinander auf dem Weg.

Ebenfalls erwarte ich ein neues Nachdenken über die Frage: Wie viel *Einheit* braucht die Kirche und wie groß muss die *Vielfalt* sein? Das richtige Maß an einheitsstiftenden und vielfaltermöglichenden Inhalten und Rahmenbedingungen ist eine wichtige Voraussetzung für die Glaubwürdigkeit unserer Kirche in einer Welt, in der auf Vielfalt mit Aus- und Abgrenzung reagiert wird. In dem Maße, in dem sich die Katholische Kirche als Weltkirche mit dem Thema Einheit und Vielfalt auseinandersetzt und zu Vereinbarungen kommt, können Themen wie Umgang mit Macht, Umgang mit Sexualität, Rolle der Frau in der Kirche und die priesterliche Lebensform unter Berücksichtigung der kulturellen Bedingungen so bearbeitet werden, dass sich das Evangelium entfalten, Christus in den heutigen Menschen geboren werden und in die Situation hineinwirken kann. Es geht um die Macht seiner Liebe. Wir haben die Möglichkeit, diese Macht zur Entfaltung zu bringen oder sie zu blockieren.

Anlass für den Synodalen Weg ist die schreckliche Erfahrung in der Katholischen Kirche mit dem sexuellen Missbrauch von Kindern und Schutzbefohlenen. Dieser Missbrauch ist einer der schrecklichsten Formen, die Liebe Gottes zu blockieren. So wichtig und richtig die Aufarbeitung des Skandals ist und alles getan werden muss, die vielfältigen Facetten – die Tat des Missbrauchs, die Vertuschung, die Verschiebung der Täter, das Leiden der Opfer etc. – aufzuarbeiten, gilt: Ohne Skandale ist die *Glaubwürdigkeit* weniger gefährdet. Keine Skandale zu haben, macht aber noch nicht glaubwürdig. Ich erhoffe mir vom Synodalen Weg, dass wir uns nochmal neu vereinbaren, warum und wozu es uns als Katholische Kirche in Deutschland geben muss.

Schließlich ist Gott Ursprung und Ziel, auch des Synodalen Weges. Von ihm ging, geht und wird die Initiative ausgehen, etwas Gutes zu wirken. Als Lerngemeinschaft auf dem Weg zu sein, bedeutet auch, sein Wirken zu betrachten, bevor wir etwas tun. Wir sind nicht diejenigen, die seine Gegenwart durch Gebet, Gottesdienst und soziales Handeln herstellen, sondern stellen sie dar und lassen sie wirksam werden in der Solidarität mit den Menschen und der ganzen Schöpfung. Ich hoffe, dass von dem Synodalen Weg ein Impuls ausgeht, die Gegenwart Gottes und sein Wirken in dieser Welt und in allen Menschen zu betrachten. Alles Gute, das durch Menschen geschieht, kommt von Gott. Die Bedeutung dieser Art von *Kontemplation* vor der Aktion hervorzuheben und diesen Impuls auch in die diözesanen Kirchenentwicklungsprozesse zu geben, erhoffe ich vom Synodalen Weg.

Leitung in dieser Kirche, von wem auch immer ausgeübt, zeichnet sich nicht nur und nicht in erster Linie durch die

Ermöglichung, Unterstützung und verantwortungsvolle Begleitung von Initiativen und Aktionen aus. In erster Linie muss sie davon beseelt sein und ausstrahlen, wie sehr diejenigen, die an der Leitung teilhaben, an die Gegenwart und das Wirken des beziehungsstarken Gottes glauben. Auf dieser Grundlage erwarte ich vom Synodalen Weg, dass wir in diesem Zusammenhang uns über die Art, in der Katholischen Kirche in Deutschland mit *Macht* umzugehen, verständigen, Leitlinien vereinbaren und deren Einhaltung auch in der Folge überprüfen. Dies muss geschehen, bevor wir die Verteilung der Macht (neu) zu regeln versuchen. Bei alledem hoffe ich, dass der Synodale Weg Impulse gibt, ein besseres, wirksameres und ausgewogeneres Verhältnis in der Kirche zu bewirken zwischen Aufgabe, Verantwortung und Befugnissen.

Befürchtung

Ich bin überzeugt, dass es in unserer Kirche in Deutschland einen *Kulturwandel* geben muss. Kultur ist im Unterschied zu Organisation und Struktur schwerer zu erfassen und zu beschreiben. Kultur beinhaltet nämlich auch all das, was eher unterschwellig geschieht und teils emotional motiviert ist. Durch die Struktur wird beispielsweise festgelegt, welche Form von Team, Gremien und Konferenzen es gibt. Die Art aber, wie dort miteinander gesprochen und umgegangen wird, sagt etwas über die Kultur aus. Ich befürchte, dass wir uns nicht radikal genug selbstkritisch hinterfragen, wo überall in unserer Kirche Seilschaften den Blick auf die Wirklichkeit trüben und eine sachliche und zugleich von dem Geist des Evangeliums gewirkte Entscheidung verhindern.

Eine weitere Befürchtung ist, dass wir als Teilnehmerinnen und Teilnehmer des Synodalen Wegs *innerlich nicht frei genug sind*. Wenn der Synodale Weg ein geistlicher Prozess sein soll, dann bedarf es der inneren Freiheit. Alle Vorfest-legungen, die über das Glaubensbekenntnis, die Heilige Schrift und die kirchliche Lehre als sich stets entwickelnde Größe in diesem Trio hinausgehen, stehen einem geistli-chen Prozess entgegen. Auch befürchte ich verbale Atta-cken, die Andersdenkenden böse Absicht oder mangelnde Einsicht unterstellen, wie jede andere Form verbaler Auf-rüstung. Hierzu gehören auch Bewertungen wie etwa, dass der Synodale Weg die letzte Chance der Katholischen Kir-che in Deutschland sei. Mit solchen Formulierungen wird ein Druck erzeugt, der die Kraft des Glaubens sowie der Hoffnung und der Liebe verharmlost und verkennt. Denn die letzte Chance gibt es, wenn der Herr wiederkommt. Die Zeit wiegt mehr als der Raum, lebendige Beziehungen sind wichtiger als Standpunkte; bei alledem wiegt die Ewigkeit mehr als die Zeit.

Die Hoffnung des Christen stirbt nie

Wir sollten das Wirken Gottes unter keinen Umständen und zu keinem Zeitpunkt in Zweifel ziehen. Auch sollten wir un-sere Beziehung als Schwestern und Brüder in der Katholi-schen Kirche und als solche auf dem Synodalen Weg als die von Gott zusammengerufene Gemeinschaft und nicht als selbsterwählten Club oder Freundeskreis betrachten. Ich hoffe, dass Gott alle Beteiligten so stark macht, dass sie Communio auch dann leben, wenn es darum geht, einander zu lieben, selbst wenn man sich nicht mag.

Den Synodalen Weg
als Chance nutzen

Pfarrer Josef Holtkotte, *1963,
Kolpingwerk Deutschland,
Mitglied der Synodalversammlung,
Mitglied im Forum III

Die erste Synodalversammlung in Frankfurt beginnt. Schon bald ist mir klar: Eine große Mehrheit der Delegierten will sich verantwortungsvoll im hörenden Miteinander für eine gute Zukunft unserer Kirche einbringen. Es wird gedacht, geredet und gebetet. Und es ist deutlich: Im Zentrum steht das Evangelium, im Mittelpunkt steht der Auferstandene. Es wird ein großes Spektrum und eine Vielfalt an Meinungen sichtbar, in denen sich unsere katholische Identität abbildet.

Der Synodale Weg, der gemeinsame Weg – so können wir übersetzen – ist eine Reaktion auf die erschütternde Missbrauchskrise der Katholischen Kirche in Deutschland. Er will aber nicht nur Reaktion bleiben; er kann zur Einladung werden, zu einem neuen Hören führen; er kann Heilung bewirken, Ideen entwickeln, Glaube verlebendigen, Hoffnung schenken und Kirche verheutigen. Beim Synodalen Weg darf nicht vergessen werden, dass wir als Volk Gottes gemeinsam unterwegs sind. Der Glaube, das Christsein und auch die Kirche wachsen und leben von innen her, von der Be-Geisterung jeder Schwester und jedes Bruders.

Viele Menschen, die in katholischen Verbänden engagiert sind, sind Teil der Synodalversammlung. Durch ihr Miteinander, welches die Verbindung und die Verbundenheit in einem Verband stärkt, und mit dem nötigen Vertrauen gestalten sie den Synodalen Weg mit. Die Bindekraft von katholischen Verbänden fördert die Verbindlichkeit des Synodalen Weges. Menschen, die sich getragen vom

Glauben, aus persönlicher Überzeugung in ihrem Verband engagieren, bringen ihr Zeugnis und ihre Werte motiviert in den Synodalen Weg ein. Die Be-Heimatung in ihrem Verband schafft Weite für die gemeinsame Verantwortung in der Kirche. Engagierte Christinnen und Christen und Priester tragen dazu bei. Sie sind damit zugleich Zeuginnen und Zeugen für gelebten Glauben, mitten in unserer Gesellschaft.

Denn: Synodalität ist eine Haltung – auch eine geistliche Haltung. Aufmerksamkeit ist die Richtschnur.

In vier inhaltlichen Foren findet die Arbeit zwischen den Synodalversammlungen statt. Alle Themen in diesen Foren sollen im Geist des Evangeliums beleuchtet werden. In den vier Foren werden die unterschiedlichen Meinungen besonders deutlich. Ziele und Entscheidungen werden dort formuliert und vorbereitet. Welche Wege wird Gott mit uns gehen? Wie wird sich unsere Verantwortung zeigen?

Der Sendungsauftrag der Kirche muss dem Heil der Menschen dienen. Heil bedeutet Gottes Liebe und Gottes Nähe zu den Menschen. Alle, die den Glauben in Wort und Tat verkündigen, müssen dem Heil der Menschen dienen! Die unterschiedlichen Charismen, die sichtbar werden, sind ein Reichtum unseres Christseins und damit ein Reichtum der Kirche. Sie werden jedem Christen und jeder Christin geschenkt. Darin wird das Wirken des Heiligen Geistes erkennbar. Die Synodalen, die in den katholischen Verbänden verortet sind, bringen ihre Kompetenzen mit ein. Sie wissen um die Herausforderungen des gelebten Glaubens in der Familie, im Freundeskreis, am Arbeitsplatz und in der Freizeit. Sie kennen das Engagement in kirchlichen Gremien und stehen für eine lebensnahe Pastoral ein.

Während der Regionenkonferenz in Frankfurt wurde durch die Beiträge greifbar, welch große Bedeutung der Glaube hat, der in einer Kirche gelebt werden will, die deutlicher ausstrahlen muss, dass ein Leben mit Gott hoffnungsvoller und sinnvoller ist. Ein Satz aus dem geistlichen Impuls hat mich weiter begleitet: „Als Fragende und Suchende sind wir auf dem Weg." Wir dürfen vom Erreichten nicht erfüllt sein, sondern brauchen ein Fragen, welches von der Selbstbeschränkung befreit und Ansporn ist weiterzugehen.

Es bleibt entscheidend, einen dauernden Austausch verlässlich und im wachsenden Vertrauen zu pflegen. Dazu braucht es eine gute Atmosphäre und intensives (Zu-) Hören in allen Themen, die miteinander besprochen werden.

Der Synodale Weg ist ein Weg mit Risiken und Nebenwirkungen. Wir selbst sind Arzt oder Apotheker – unter der Führung des Heiligen Geistes – mit Glauben und Verantwortung.

Der Synodale Weg zeigt mir, dass wir die Kirche brauchen, aber dass wir ihre Relevanz für die Menschen wieder (neu) erschließen müssen. Wir erleben Veränderungen, die so rasant sind, dass Antworten unbedingt nötig sind.

Der Synodale Weg ist eine Chance, wenn wir den Mut haben, im Vertrauen auf Gott Ängste abzubauen und der Freude an Gott mehr Raum zu geben.

Erneuerung der Kirche heißt, an Christus orientiert darauf zu schauen, wie wir heute zum gelingenden Leben der Getauften beitragen können.

„Der Weg entsteht im Gehen, wie durch ein Wunder", hat Reinhold Schneider einmal gesagt. Diese Einstellung brauchen wir für den Synodalen Weg, denn sie rechnet mit einem Gott, der wirklich da ist, der dabei ist, der mitgeht und der begleitet.

Trotzdem trotzend

Michaela Labudda, *1969,
Gemeindereferentin und wissenschaftliche Referentin,
Mitglied der Synodalversammlung, Mitglied im Forum II

Warum ich glaube? Der persönliche Glaube ist kein Hinein-
hüpfen in eine Grundhaltung und von Natur aus schwer be-
gründbar. Glaube entsteht langsam und – zumindest bei mir
– in konzentrischen Kreisen, immer wieder nah und fern,
hoffend und zweifelnd. Und Glaube nährt sich von den Begegnungen und Gotteserfahrungen ... mit all den Menschen,
die ihren Glauben befreit bezeugten und mir ihr Zutrauen als
Lebenshilfe anboten, frei denkende Priester und Ordensleute, Menschen, die sich sozial und caritativ engagierten,
auch die, die sich selbst als nicht wirklich gläubig bezeichne-
ten, vor allem auch den Menschen, die mich durch ihre Fragen zum Begründen führten, mit den Theorien der Theologie,
Philosophen und Schriftstellerinnen, die mich zwangen, einen eigenen Standpunkt zu beziehen, schließlich die hori-
zonterweiternde interkulturelle Bereicherung, denn unsere
Kirche ist global. ... Ich hatte das Glück, einen Glauben der
Freiheit zu erfahren, der mich auch in nötige Distanz brachte
und mir doch immer wieder Halt und Geländer ist. Und ich
glaube auch wegen mancher Erfahrungen, die ich mir glasklar als Gotteserfahrung deuten kann: eine zarte und manchmal deutliche Antwort meiner Gebete. Engagiert in der Kirche bin ich gerade deshalb, weil dort so vieles davon ermöglicht wurde und immer noch wird. Aber vor allem bin ich in
dieser Kirche trotzdem.

Trotz ... der vielen Menschen, die ich erlebe, denen meist
die Moralvorstellungen der kirchlichen Verkündigung ein
zwanghaftes Gefängnis erbauten.

Trotz ... einer verkündeten lehramtlichen Meinung, die viel zu oft im Widerspruch zu dem steht, was mich unsere freiheitliche Demokratie lehrt.

Trotz ... der Erfahrung, dass ich als engagierte Christin in der Kirche systemisch keine andere Chance habe, als mit dem Kopf immer wieder vor jene dicke Glaswand zu laufen, die aus Gendergründen vor jede Frau als reale, aber vor allem auch intellektuell beleidigende Voraussetzung des kirchlichen Engagements gesetzt ist.

Und trotz der schmerzlichen Erkenntnis, durch meine Mitarbeit ein System zu unterstützen, das so viele Menschen zu Opfern hat werden lassen und dieses immer noch tut.

Trotzdem. Trotzig. Wo nötig, einer falschen „Wahrheit" trotzen ... Das ist ein Wortstamm, passt es nicht auch? Ich denke, es ist womöglich eine sehr katholische Eigenschaft.

In diesem Sinne „trotzend" stehen wir heute hier. Ich weiß nicht, wie es Ihnen geht, aber ich will weg von dem Trotzdem, hin zu einem Weil, einem Wozu, einer echten, unverfälschten Glaubensermöglichung für so viele. Denn ehrlich: Haben wir es nicht bitter nötig, ein Trotzwort zu erheben wider die Idee, der Mittelpunkt der Welt sei ich selbst, ein Volk, ein Land, eine Konfession? Ehrlich: müssen wir nicht zuerst unseren eigenen Beharrungskräften trotzen, die einen ähnlichen Geist atmen? Gäbe es nicht mehr als einen Anlass, als befreite Kirche von Befreiung reden zu können? ... Wie wäre es, einmal selbst an die Wandlung zu glauben und unserer eigenen Verkündigung vom neuen Anfang in Schuld und Stillstand und Tod zu trauen?

Hast du Hoffnung? – Viele der Menschen um mich herum belächeln uns für unseren Weg – oder sie erstarren in prophylaktischer Resignation. Hast du Hoffnung? Ich habe gelernt, Gott ist Werden, ist Bewegung, ist Sturm, ist Pneuma, ist Ruach. Darauf zu hoffen, dass ein Sturm die Fenster aufstößt, ist schwer. Aber ich bin trotzdem hier, bereit zum Durchlüften. Wir müssen dringend unseren „Laden" aufräumen; ich habe schon zu viele hoffnungslos hinschmeißen sehen oder klaglos verschwinden und bitter verstummen. Das ist mein Grund, warum wir den schon lange in den einzelnen Orten begonnenen Weg gestalten und gehen müssen, gerade, wenn wir in den Augen so vieler hinterherhinken.

(Beitrag zur Eröffnung des Synodalen Weges
am 30. Januar 2020,
Bartholomäus-Dom zu Frankfurt)

Kapitel 2

Bitte die Navigationsgeräte einstellen –
Wegweiser und Grundkoordinaten

Regionenkonferenz Berlin, 4. September 2020
© Synodaler Weg/Walter Wetzler

Sogar der Papst schreibt aus Anlass des Synodalen Weges! Nicht nur daran kann man festmachen, dass der Weg in Deutschland weltweite Aufmerksamkeit erhält. So viele vermeintliche oder echte Gegensatzpole tun sich auf: Theologie und Praxis, Tradition und „Zeitgeist", Kleriker und Laien, systemische Missbrauchsaufarbeitung und evangelisierender Kirchenwandel, Nationalkirche und Weltverbundenheit, Geistlicher Weg und Strukturdebatte, Männer und Frauen, Hören und Dampf ablassen ... Gibt es eine Orientierung in dieser Gemengelage? Der Weg ist ein „Risiko" (Marx), er macht „nervös" (Söding). Um mit „Respekt" (Stegemann) einen Wandel herbeizuführen und die „Blamagezone" (Bundschuh-Schramm) zu verlassen, werden grundsätzliche Orientierungsmerkmale benannt.

Das Ganze des Glaubens
in den Blick nehmen

Reinhard Kardinal Marx, *1953,
Erzbischof von München und Freising,
war in der Startphase des Synodalen Wegs
als Vorsitzender der Deutschen Bischofskonferenz
Mitglied des Synodalpräsidiums,
nun Mitglied der Synodalversammlung

„Viele Menschen haben die Krise vorhergesehen. Zugleich hat niemand die genaue Art und Weise, den Zeitpunkt und die ‚Wildheit' vorhergesehen. Was unter solchen Umständen zählt ist nicht nur, die Art und Weise des Problems vorherzusagen, sondern ebenso den Zeitpunkt. Und es braucht den Willen zum Handeln und die Gewissheit, dass die Verantwortlichen im Rahmen ihrer Befugnisse über die richtigen Instrumente verfügen, um das Problem in den Griff zu bekommen." Dieses Zitat (hier in einer eigenen freien Übersetzung) stammt aus einem öffentlichen Brief, den die British Academy 2009 an Königin Elisabeth II. gerichtet hat als Antwort auf ihre Frage, wie es überhaupt zu einer so schweren Finanz- und Wirtschaftskrise habe kommen können. Die British Academy erläutert, dass viele Experten jeweils einzelne Aspekte durchaus auch mit Sorgen im Blick hatten, aber niemand alle Entwicklungen und die Komplexität der gesamten Materie gesehen habe. Folglich konnten weder Experten noch Beteiligte noch Verantwortliche die Krise in ihrem ganzen Ausmaß vorhersehen oder gar abwenden.

Ohne diesen Vergleich überstrapazieren zu wollen, will ich einmal frei die Hypothese wagen, dass viele Zeitgenossen die Situation der katholischen Kirche in Deutschland (und nicht nur dort) in ähnlicher Weise umschreiben würden: Es mangelt der Kirche hierzulande nicht an der Wahrnehmung oder der exakten Analyse von Einzelaspekten, auch fehlen weder Expertise noch Strukturen von Verantwortlichkeit und Umsetzbarkeit. Was uns aber augenblicklich vielleicht doch fehlt ist der Blick auf das Ganze, das – im Sinne von Papst Franziskus – mehr ist als die Summe der Einzelteile: „Das Modell ist nicht die Kugel, die den Teilen nicht übergeordnet ist, wo jeder Punkt gleich weit vom Zentrum entfernt ist und es keine Unterschiede zwischen dem einen und dem anderen Punkt gibt. Das Modell ist das Polyeder, welches das Zusammentreffen aller Teile wiedergibt, die in ihm ihre Eigenart bewahren." (Apostolisches Schreiben „Evangelii gaudium" von Papst Franziskus über die Verkündigung des Evangeliums in der Welt von heute. 2013, 236)

Vielleicht kann das ja auch ein Symbol für den Synodalen Weg der Kirche in Deutschland sein? Es geht doch darum, dass im Synodalen Weg das jeweils Beste zum Vorschein gebracht wird, und zwar nicht mit dem Ziel der Konfrontation, der Abgrenzung von Positionen und Andersdenkenden, sondern mit dem Ziel, Grenzen zu öffnen, Mauern abzutragen und das Verbindende im Glauben zu suchen und zu stärken. Es ist eine Binsenweisheit, dass das keine leichte Aufgabe ist und der Ausgleich von Spannungen dazu gehört. Ebenso ist klar, dass es nicht um die Suche nach einfacher Mehrheitsfähigkeit und „billigen oder gar faulen Kompromissen" geht oder um eine Einigung auf den „kleinsten gemeinsamen Nenner".

Die Kirche ist eine sich ständig wandelnde Glaubensgemeinschaft, die Zeit und Raum immer übersteigt, und zugleich ist sie je konkrete Gemeinschaft von Menschen in Zeit und Raum; sie ist auch eine menschliche Gemeinschaft. Ausführlicher gehe ich darauf in meinem Buch „Kirche *überlebt*" (München 2015, v.a. 59–78) ein. Somit kann der Synodale Weg durchaus ein Beitrag zu einer „kirchlichen Verfassungsdiskussion" sein, wie sie etwa Daniel Bogner in seinem Buch „Ihr macht uns die Kirche kaputt" (Freiburg 2019) fordert, wenngleich ich dabei bleibe, dass die Kirche aufgrund ihrer Heilssendung „nur" in analoger Weise als Gesellschaft zu verstehen ist. Zum Selbstverständnis der Kirche als ecclesia semper reformanda gehört, dass sie wandlungsfähig ist und – so zeigt es die Kirchengeschichte – stets neu zwischen Tradition und Innovation ausbalancieren muss. „Innovation und Tradition", so schreibt es Johanna Rahner in ihrem Beitrag „Weil Veränderung geschieht …", „sind dabei nicht einfach Gegensätze, sondern zwei Seiten desselben permanenten Transformationsprozesses, der Kirche immer kennzeichnet." (In: Stefan Kopp [Hg.]: Kirche im Wandel. Ekklesiale Identität und Reform. Freiburg 2020) Zur Suche nach der Wahrheit des Glaubens gehört es selbstverständlich, verschiedene Stimmen zu hören, zu verstehen und zu unterscheiden, ehe das kirchliche Lehramt eine Debatte zusammenfassend entscheidet. Es geht darum, in einem geordneten Gesprächsprozess, an dem möglichst viele beteiligt sind, die jeweilige Fragestellung klar zu analysieren, Unterscheidungen zu treffen und zukunftsfähige Wege der Verkündigung des Glaubens in allen kirchlichen Vollzügen zu finden. Diese Grundüberlegung ist konstitutiv für den Synodalen Weg, den die katholische Kirche in Deutschland im Dezember 2019 begonnen hat. Das verlangt von allen Beteiligten die grundsätzliche und durchtragende Bereitschaft, einander offen zuzuhören, unbefangen aufeinander zuzugehen und immer wieder neu davon auszugehen, dass alle zur Verkündigung des Glaubens ihren je unersetzlichen Beitrag leisten können. Ist es nicht genau das, was Papst Franziskus meint, wenn er von einem notwendigen und echten Dialog spricht? Ich empfehle hier besonders die Ausführungen in der Enzyklika „Fratelli tutti" über die Geschwisterlichkeit und die soziale Freundschaft (Nr. 198–224). Müsste das nicht auch auf die Kirche „analog" übertragen werden, wenn sie „synodale Kirche" werden soll, wie der Papst zur 50-Jahr-Feier der Errichtung der Bischofssynode am 17. Oktober 2015 sagte?

Die Plenarversammlung des Synodalen Weges wird zu Entscheidungen und Voten finden. In einzelnen Themen wird es eine Beschlussfassung der Bischöfe mit einem eigenen Quorum geben; und es ist denkbar, Voten an den Papst oder an ein Konzil weiterzureichen. Die Entscheidungen des Papstes oder eines Konzils in Gemeinschaft mit den Bischöfen sind nicht als willkürliche Entscheidung gedacht, sondern beruhen auf dem Glaubenssinn des ganzen Gottesvolkes (sensus fidelium) und der kirchlichen Gesinnung (sensus ecclesiae). Die Verbindung und Kommunikation zwischen Volk Gottes, Theologie und Lehramt gehört zur Verfasstheit der Kirche. Und diese Vergewisserung geschieht in der Beachtung der synchronen (d.h. jetzt weltweit sichtbaren) Communio und der diachronen (d.h. die Kirche aller Zeiten berücksichtigenden) Communio.

Der Synodale Weg war und ist für mich keine „letzte Chance", wie es der Titel dieses Sammelbandes als Frage in den Raum stellt. Ich glaube vielmehr, dass dieser Weg eine entscheidende Chance sein kann in der Neubestimmung der Sendung der Kirche in unserer Zeit. Letztlich geht es darum, von Gott so zu sprechen und glaubwürdig so zu handeln, dass das Evangelium ausstrahlen kann und die Menschen darin für ihr Leben einen echten „Mehr-Wert" erfahren können. Paul Zulehner spricht in seiner Auswertung der Ergebnisse der österreichischen Langzeitstudie „Religion im Leben der Österreicher*innen 1970-2020" (Wandlung. Religionen und Kirchen inmitten kultureller Transformation. Ostfildern 2020) zur Bedeutung von Religion davon, dass die „Kirchen als ‚Gotteserinnerer'" von zentraler Bedeutung seien: „Sie sind ein Schutzschild für die unantastbare Würde des Menschen von der Wiege bis zum Grabe, also mit dem Recht auf das Geborenwerden, auf Gerechtigkeit während des ganzen Lebens auch in gefährdeten Umständen wie politischer Vertreibung, Flucht vor Klimakatastrophen oder auch vor der Hoffnungslosigkeit der Verarmung; und nicht zuletzt sind sie ein Schutzschild für ein Sterben in ‚Würde und Charakter' (Cicely Saunders)."

Meine Motivation für den Synodalen Weg war und ist es nicht, die Kirche von Grund auf neu zu erfinden. Mich leitet in meiner bischöflichen Hirtensorge der Wille, genau hinzuschauen, um erkennen und unterscheiden zu können, was notwendig und möglich ist, damit die Menschen heute und auch zukünftig Gott erfahren können, damit der Kern des Evangeliums, das Kerygma, sichtbar und nicht verdunkelt wird, wie es Papst Franziskus in seinem Apostolischen Schreiben „Evangelii gaudium" über die Verkündigung des Evangeliums in der Welt von heute 2013 beschrieb.

Es gibt keinen Zielkorridor, als sei am Anfang schon klar gewesen, was am Ende der Beratungen als Ergebnis stehen soll. Der Ausgangspunkt für den Synodalen Weg und die thematischen Schwerpunkte, die sich ja in den Themenforen abbilden, war die tiefgreifende Erfahrung und Debatte, die durch die Aufdeckung des Missbrauchs in der katholischen Kirche weltweit ausgelöst wurde, und die meine Sicht auf Kirche und Glauben verändert hat. Es ist deshalb für mich ein Herzensanliegen, dass diese konkrete Ausgangslage nicht vergessen wird. Die so genannte Missbrauchskrise ist keinesfalls ad acta gelegt, sondern hat in ihrer bisherigen Analyse von Ursachen und Konsequenzen Fragen verstärkt, die schon lange und von vielen Menschen in ganz unterschiedlichen Perspektiven mit Engagement und auch mit Sorge gesehen werden. Wir haben als Kirche, und vor allem als Amtsträger der Kirche, erheblich an Glaubwürdigkeit verloren, die nicht von außen beschädigt wurde, sondern wesentlich durch uns selbst. Eine klare Selbstkritik und die Bereitschaft zur Umkehr gehören deshalb unbedingt zum gemeinsamen Weg und zur notwendigen Erneuerung der Kirche, die Voraussetzung einer fruchtbaren Evangelisierung ist.

Damit verbindet sich für mich auch eine geistliche Erwartung an den Synodalen Weg: Eine Kirche, die sich selbst als synodal versteht, muss keine Angst haben vor Wandel, vor Verantwortung und vor der Freiheit. Die erste Plenarversammlung des Synodalen Weges im Januar 2020 und auch die Regionenkonferenzen im September 2020 stärken meine Hoffnung und mein Vertrauen, dass wirklich ein Raum der Begegnung und des Miteinanders entsteht, in dem sich alle den Themen ohne Angst stellen können. Damit das gelingen kann braucht es selbstverständlich Kommunikationsfähigkeit und -bereitschaft, es braucht hilfreiche Strukturen und Verlässlichkeit, es braucht Transparenz und Kompetenz. Aber ein solcher gemeinsamer Weg braucht ebenso notwendig die geistliche Dimension, damit wir den Heiligen Geist nicht nur nicht aus dem Spiel lassen, sondern davon ausgehen, dass er selbst unter und in allen wirkt.

Der Synodale Weg ist keineswegs „die letzte Chance", er mag vielleicht eines Tages in der Rückschau nicht als alternativlos oder auch verbesserungswürdig erscheinen, aber der Synodale Weg ist das, was wir jetzt und hier gemeinsam tun können, um unserer Verantwortung gerecht zu werden und von der Hoffnung zu erzählen, die uns erfüllt (vgl. 1 Petr 3,15). Es geht darum, dass das Ganze des Glaubens mehr von uns allen erfordert, als nur die Zusammenschau von Einzelteilen! Und es geht darum, möglichst alles beiseite zu räumen, was den Blick verstellt auf das Evangelium und das Christusereignis als die rettende Wahrheit für alle Menschen.

Da muss mehr Mensch rein

Mara Klein, *1996, Halle (Saale), Studierende,
Mitglied der Synodalversammlung,
Mitglied im Forum IV

Vor fast einem Jahr habe ich mich auf einen der fünfzehn
U30 Plätze in der Synodalversammlung beworben. Als ich
von der Ausschreibung hörte, dachte ich, es sei eine Chance.
Eine Chance etwas zu tun, anstatt immer nur darüber zu reden, was sich ändern müsste. Im Rahmen der Bewerbung
habe ich viel darüber nachgedacht, wie ich mir eine zukünftige Kirche vorstelle und was ich vom Synodalen Weg erhoffe. In meiner Bewerbung stand unter anderem:

„Ich hoffe auf eine zukünftige Kirche, die weiterhin Verantwortung für innerkirchliche Fehltritte übernimmt und
sich – gerade in Bezug auf ihren Heilsanspruch – zur kriti-
schen Selbstreflexion und -verbesserung auf allen Ebenen
verpflichtet.

Ich hoffe auf eine zukünftige Kirche, die Verantwortlichkeit gegenüber den Menschen und der Schöpfung vor der Er-
haltung der eigenen Macht priorisiert, in der Hierarchie
nicht die Amtsinhaber*innen ermächtigt, sondern die Gemeinschaft, und in der sich kirchliches Amt als Dienst versteht und nicht als Herrschaft – und auch auf diese Weise
wahrgenommen wird."

Am Ende musste ich meine zweiseitige Bewerbung stark
kürzen, was mich vielleicht vor die erste große Herausforderung des Synodalen Weges gestellt hat, bevor er überhaupt
für mich begann.

Ich habe einen Grundsatz, an Dinge nicht mit zu vielen Erwartungen heranzutreten, damit ich sie unvoreingenomme-
ner wahrnehmen kann. Beim Synodalen Weg fiel es mir nicht

schwer, Erwartungen niedrig zu halten. Ich studiere Theologie. Ich kenne die Komplexität weltkirchlicher Fragestellungen. Ich weiß, dass der Weg keinen kirchenrechtlichen Anspruch hat. Ich weiß, dass suggerierte „Augenhöhe" Hierarchie nicht aufhebt, sondern bestenfalls momentan relativiert – schlimmstenfalls verschleiert. Wenn ich in Vollversammlung und Forum spreche, habe ich keine Pressestelle im Hintergrund, keine Amtsautorität. Ich offenbare mich vor Menschen, die später die Macht haben, mir auf Grundlage meiner Äußerungen die Lehrerlaubnis „Missio Canonica" – oder überhaupt einen weiteren Weg im katholischen System – zu gewähren oder zu verwehren.

Warum bin ich trotzdem nach Frankfurt gefahren? Eben deswegen: Trotzdem. Michaela Labudda hat mir aus der Seele gesprochen, als sie in ihrem charismatischen Zeugnis im Eröffnungsgottesdienst der ersten Vollversammlung vom Trotzen sprach. In der christlichen Botschaft geht es nicht darum, sich mit Leid abzufinden. Ich liebe meine Kirche und möchte dazu beitragen, dass sie für die Menschen dieses Jahrhunderts sein kann, was sie von sich mit Verweis auf die Evangelien verspricht. Denn was ich noch mehr liebe als meine Kirche, sind die Menschen; und es erschüttert mich zutiefst, immer wieder das Leid zu sehen, was ihnen durch dieses System verursacht wird. Wo die Kirche mehr geliebt wird als diese Menschen bleibt kein Platz für Jesus Christus.

Ich wünsche mir für die katholische Kirche in Deutschland (und darüber hinaus), dass sie am Synodalen Weg so wachsen kann, wie ich in den letzten Monaten. Ich weiß, dass es weh tut, sich zu zeigen und zu öffnen. Für mich ist es das wert, aber es ist trotzdem eine fast unerträgliche Zumutung – vor allem, solange es einseitig bleibt. Es ist eine Chance, die viel fordert – an vielen Stellen Dinge fordert, die nicht gefordert werden dürfen. Ein Jahr nach meiner Bewerbung bin ich nicht mehr bereit, meine Vision zu kürzen. Ich bin nicht bereit, mich dafür zu entschuldigen, dass ich ungefragt falsch verstanden werde.

Der Titel dieses Buches stellt eine Frage: „Ist der Synodale Weg die letzte Chance?" Ich möchte ehrlich sein. Wenn mir die Gewalt(tät)igkeit der katholischen Amtsstrukturen mal wieder bewusst wird, bin ich manchmal geneigt zu sagen, vielleicht machen wir uns was vor, wenn wir denken, die letzte Chance gäbe es noch. Auf der ersten Vollversammlung wurde darauf hingewiesen, dass sich Trauma im System vererbt. Die katholische Kirche ist ein altes System voller Traumata und Menschen, die von ihnen bedrückt werden. Wo Kirche traumatisiert, anstatt zu heilen, bleibt wenig Raum für Chancen.

Die Bereitschaft, dieses Trauma zu sehen und einzusehen, dass wir Hilfe brauchen, ist der erste Schritt zur Heilung. Trauma lässt sich nicht aus sich selbst heraus heilen. Es braucht geleitete Auseinandersetzung, es braucht Mut und auch Glaube daran, dass es besser werden kann – auch wenn es zwischendurch so aussieht, als ob es schlimmer wird. Das ist Teil des Weges. Und wenn die Amtsträger, die die systemische Macht haben, eine heilsame Veränderung für sich selbst, ihre Kirche und ihre Gläubigen anstoßen, sind sie nicht allein. Denn ein überwältigend hoffnungsvoller Eindruck, den ich auf dem Synodalen Weg gewonnen habe, ist der vom Geist der Veränderung. So viele, viele, viele nicht nur auf dem Synodalen Weg wollen Reformen und so viele stehen dafür ein und auf, teilweise bereits seit Jahrzehnten. Wir sind hier.

Wenn der Synodale Weg eine letzte Chance ist, dann ist es vielleicht die letzte Chance diesen Geist ernst zu nehmen und anzunehmen – bevor er sich von der katholischen Kirche emanzipiert oder von ihr erstickt wird. Der Synodale Weg hat die Chance echte Hoffnung auf Veränderung zu schaffen – in der Kirche und über die Kirche hinaus. Leere Platituden oder Änderungen, die dann nur in einzelnen Bistümern Relevanz haben, werden das nicht erreichen können. Echte Reue und Demut und Bereitschaft zum Umkehren und zu ganzheitlichen Maßnahmen der Heilung vielleicht schon.

Es geht nicht darum, eine unbestimmte Zahl Menschen in der Kirche zu halten, oder sich besser zu verkaufen, oder einem Zeitgeist zu gefallen. Es geht darum – in echter Liebe zu den Menschen – sich zu öffnen und zu lernen. Wenn der Synodale Weg eine (letzte) Chance sein will, dann ist er kein Weg zur Sicherheit, oder zur Stabilität. Er ist kein Weg, an dessen Ende alle wieder in die stickige Geborgenheit der alten Routine zurückkehren können. Am „Ende" des Synodalen Weges steht Ungewissheit in vielen Fragen und die Aufgabe, diese Ungewissheit anzunehmen und weiter zu gehen.

Ich wünsche mir für meine Kirche, dass sie mit ihren Gläubigen weiter geht.

Ich wünsche mir für die Amtsträger, dass sie sehen, dass sie nicht allein sind.

Ich wünsche mir für mich und alle anderen, die jetzt und in Zukunft für Veränderungen einstehen, dass wir nicht daran kaputt gehen – denn es ist kein bequemer Weg.

Nach einem Vortrag, den ich über den Synodalen Weg für die Katholische Erwachsenenbildung in Magdeburg halten durfte, kam ein älterer Herr auf mich zu und meinte zu mir über den Titel des vierten Synodalforums: *„Da muss mehr Mensch rein."* Ich glaube, dass der Synodale Weg den Raum für mehr Mensch schaffen kann, wenn wir diese Chance nutzen.

Gemischte Gefühle –
Erwartungen einer Theologin an
einen/den Synodalen Weg

Dr. Christiane Bundschuh-Schramm, *1963, Rottenburg
Referentin für pastorale Grundsatzfragen und
Pastorale Entwicklung im Bistum Rottenburg-Stuttgart

Der Synodale Weg löst bei mir gemischte Gefühle aus. Einerseits ein Endlich: endlich kommen längt überfällige Themen auf die Tagesordnung. Vier Themenbereiche, die angegangen werden müssen, um die katholische Kirche aus der Blamagezone herauszuholen. Denn die nicht vorhandene Gewaltenteilung, die verschiedene Personengruppen missachtende Sexualmoral und die deklassierende Haltung zu Frauen blamieren die Kirche und ihre Mitglieder permanent. Es ist schon fast peinlich geworden, bei der katholischen Kirche dabei zu sein oder gar noch mitzumachen. Da kommt ja doch nichts raus: schon wieder eine Fortsetzung der Endlosschleife Gespräche. Gespräche zu führen, Gesprächsprozesse zu initiieren scheint unsere kirchliche Kernkompetenz, aber ich kenne genügend solcher Gespräche aus der Liveerfahrung, bei denen schon vorher entschieden ist, was herauskommt bzw. dass nichts herauskommen darf.

Eine spirituelle Entscheidung

In der aktuellen Situation der Kirche ist die Unterscheidung der Geister bezüglich eines Glaubens gefragt, der vielen schwerfällt, weil er überkommen ist und seine alten Zöpfe abgeschnitten werden müssen, und eines Glaubens, der vielleicht auch vielen schwer fällt und dennoch in dieser Stunde geboten ist. Es geht im Blick auf den Synodalen Weg um diesen zweiten Glauben. Er fällt mir schwer. Es fällt mir nämlich schwer, an den synodalen Weg zu glauben, also zu glauben, dass er zum Ereignis werden könnte, bei dem Unvorhersehbares geschieht und wirklich Neues wird. Aber, und darin sehe ich das aktuelle Gebot des Evangeliums, ich tue es trotzdem. Wenn der Glaube an die Auferstehung von den Toten kein reiner Selbstzweck ist, um sich persönlich in den Himmel zu befördern, dann birgt er doch die wiederholbare Erfahrung, dass Unmögliches möglich werden kann und dass solche Ereignisse zwar nicht zu fassen sind, aber Wellen schlagen, die alles, zumindest vieles verändern.

Ich entscheide mich für diesen Glauben und, das gehört wesentlich zu jeder Religion, ich versuche ihn zu üben. Ein Theologieprofessor und Freund von mir hat einmal gesagt, die Mauer der DDR wäre niedergebetet worden. Ich konnte ihm damals nicht glauben. Ich weiß nicht, ob ich es jetzt kann, aber ich weiß, dass dieser Glaube von vielen Menschen dort Woche für Woche geübt wurde. Ich empfehle also den Konzeptionsabteilungen der Bistümer, den Kirchengemeinden und allen kirchlichen Orten, den Synodalen Weg im Sinne einer Erneuerung, Veränderung, Öffnung und Auferstehung permanent und penetrant zu „bebeten".

Risiko

Ich erwarte Risikobereitschaft. Im Grunde ist jedes Gespräch, jeder Dialog ein Risiko, insofern er ein echter ist, sprich die Teilnehmenden die Bereitschaft mitbringen, sich und ihre Position im Laufe des Gespräches zu verändern bzw. im Gesprächsverlauf einen Fortschritt zuzulassen, der alle Beteiligten über sich hinausführt. Jürgen Habermas hat uns den Traum vom „zwanglosen Zwang des besseren

Argumentes" eingepflanzt; und auch wenn wir wissen, dass bei Gesprächen neben vernünftiger Argumentation noch andere nicht so vernünftige Dinge eine Rolle spielen, so bleiben wir doch auf gute Argumente verwiesen. Wir spätmodernen Menschen denken wissenschaftlich und setzen auf wissenschaftliche Argumente, um uns überzeugen zu lassen. Traditionsargumente stehen demgegenüber hintenan, Machtargumente – wer die Macht hat, hat Recht – fallen durch. Auch wenn die aktuelle gesellschaftliche Situation angesichts von fake news und Echokammern daran zweifeln lässt, dass alle Bürger/innen an begründbarer Wahrheit und vernunftorientierter Argumentation interessiert sind, heißt das nicht, dass dieser Weg verlassen werden kann oder gar sollte.

Kreatives und überraschendes Vorgehen

Ich erwarte ein kreatives und überraschendes Vorgehen. Bitte kein Linienprozess. Bitte kein so wie immer. Schon im Vorgehen kann gezeigt werden, dass man wirklich Neues und einen echten Fortschritt will. In einer komplexen Situation, die uns gesellschaftlich von allen Seiten bescheinigt wird, kann man nicht mehr lange theoretisieren, Texte schreiben und irgendwann verabschieden. Bis die Ergebnisse da sind, hat sich die Ausgangslage schon komplett verändert. Der Dreischritt Sehen, Urteilen, Handeln, der dazu verleitet, dass man über Sehen nicht hinauskommt, muss heute umgekehrt werden: sondieren, probieren, reflektieren. Daher empfehle ich schnell einleitbare Erprobungsphasen. Man kann, meine ich, fast alles erproben: Bischofswahl, verheiratete Priester, Priesterinnen, Pfarrerswahl und -abwahl, Homosexuellentrauungen, gemeinsame Eucharistieleitung. Wieso nicht? Es wird ja reflektiert und ausgewertet, dabei werden alle beteiligt. Es macht heute mehr Sinn, die Energie in die Reflexions- und Korrekturschleifen zu stecken als in die Vorabtheorien. Unsere Gesellschaft ist heute so gestrickt, dass man mit Theorien keine Voraussagen mehr treffen kann, und dass man deshalb schnell ausprobieren muss und sehen kann, was passiert. Es wird sich eine Kirchengemeinde melden, die es mal mit einem verheirateten Pfarrer probieren will. Es wird eine geben, die eine Pfarrerin testet. Es wird sich sogar eine Diözese finden, bei der die Sitzung des Bischöflichen Ordinariats befristet eingesetzt ist, demokratisch abstimmt und durch weitere Organe, wie z.B. einen Diözesanrat, kontrolliert werden kann. Oder hat jemand Angst, dass sich dann zu viele Kirchengemeinden melden, einige Pfarrerinnen erproben wollen oder gar eine Diözese eine feministische Bischöfin wählt, deren Mann die Kinder hütet?

Ein geistlicher Weg

Ich erwarte einen geistlichen Weg. Dieser ist der einzige legitime Grund für Entschleunigung, ansonsten votiere ich ja für Tempo. Bei einem geistlichen Weg beten alle von Zeit zu Zeit, dass wirklich ein Fortschritt erzielt wird. Bei einem geistlichen Weg schweigen alle von Zeit zu Zeit, um dem Geist Gottes und seiner Wirksamkeit Raum zu geben. Bei einem geistlichen Weg glauben alle an den Weg. Er darf entschieden kein Feigenblatt sein. Wer ihn nicht wirklich will, ist raus, muss abdanken, zurücktreten, die Stelle wechseln. Der Synodale Weg muss von uns allen als Zeichen der Zeit gelesen werden, ganz im Sinne des Konzils. Zeichen der Zeit sind bindend, man kann sich ihnen nicht entziehen, sie liegen nicht im eigenen Ermessensspielraum, man muss sie lesen und bearbeiten.

Wo die verbleibende Energie hinfließen sollte

Wenn der synodale Weg keine Endlosschleife wird, wenn er konsequent, entscheidungsfreudig und zügig gegangen wird, wenn nicht so lange überlegt, sondern schnell erprobt und probeweise umgesetzt wird, dann bleibt Energie übrig. Das Problem des letzten Jahrzehnts unserer deutschen Kirche ist ja, dass wir die gesamte Energie in Prozesse stecken, die sich im Vorhof unseres Auftrags befinden. Wir versuchen die verlorene Kirche und das verlorene Vertrauen zu retten, aber was wir als Gesellschaft verloren haben, ist die Plausibilität Gottes und wozu man Religion und Gott braucht, wenn man auch ohne moralisch gut und persönlich glücklich sein kann. Ein Wirtschaftsunternehmen, das feststellen müsste, dass man sein Kernprodukt eigentlich nicht mehr braucht, würde die besten Leute freisetzen und auf Klausur schicken, um sich dazu Gedanken zu machen, würde Geld und Personal investieren, damit neue theologische Zugänge eröffnet werden können, neues Beten, neues Feiern, alles neu und doch treu zum „Urporsche", wie das Unternehmen in Stuttgart sagt. Das würde nicht bedeuten, dass alles über den Haufen geworfen werden muss. Das Gebot der Stunde ist Pluralität. So wie man zukünftig als Pfarrer vielleicht heiraten darf, aber nicht muss, so darf man nach wie vor traditionell glauben. Aber was tun wir für die Menschen, die dies nicht mehr können und wollen, und zwar nicht, weil sie nicht nachdenken, sondern gerade weil sie jung sind, in einem anderen Dispositiv leben und nachdenken? Was bieten wir als Kirche denen an, die weder eine mächtige Kirche noch einen mächtigen Gott im klassischen Format akzeptieren können? Das wären meines Erachtens die wirklich wichtigen Foren. Die vier Foren des Synodalen Weges sind auch wichtig, aber machen wir schnell, damit die noch wichtigeren drankommen.

(Originalbeitrag ersch. im „Anzeiger für die Seelsorge" 1/2020)

Synodalität im Lichte des Briefes von Papst Franziskus

Prof. Dr. Thomas Söding, *1956,
Neutestamentliche Exegese, Ruhr-Universität Bochum,
Mitglied der Synodalversammlung, Mitglied im Forum I

Mit ganz unterschiedlichen Erfahrungen und Erwartungen beginnen wir etwas Neues. Es liegt an uns Mitgliedern der Vollversammlung, ob die Synodalversammlung in Zwist und Frust endet oder ob sie unsere Kirche auf dem Weg der Umkehr und Erneuerung voranbringt. Es ist ein Momentum – wir dürfen es nicht verpassen. Wir kommen in einer tiefen Krise der Kirche zusammen, einer tiefen Krise des Glaubens zugleich. Es gibt viel Skepsis gegenüber dem Synodalen Weg. Es gibt auch Misstrauen. Aber viele Menschen sind voller Hoffnung, voller Ungeduld, voller Erwartung, dass wir uns zusammenfinden, und müssten wir uns auch zusammenraufen, um die richtigen Entscheidungen zu treffen. Der Glaube an Gott und das Bild unserer Kirche – sie fallen auseinander, aber sie müssen zusammenpassen. Das ist unsere Verantwortung. Es gibt keinen Synodalen Weg ohne die Umkehr und die Erneuerung der Kirche. Wir müssen bei uns selbst anfangen.

Schauen wir auf das Format Synodalversammlung, das es so bislang nicht gegeben hat. In der Apostelgeschichte finde ich drei Szenen, die uns widerspiegeln, was wir besser machen und was wir besser nicht machen sollen.

Das erste Szenario beschreibt Lukas so: „Die einen schrien dies, die anderen das; denn in der Versammlung herrschte ein großes Durcheinander, und die meisten wussten gar nicht, weshalb man überhaupt zusammengekommen war" (Apg 19,32). So ging es vor zweitausend Jahren zu, im

Theater von Ephesus, und hätte fast zu einem Pogrom gegen die junge Gemeinde geführt. So wird es bei uns nicht zugehen. Wir brauchen hier nicht zu schreien und durcheinanderzureden. Aber wissen wir schon ganz genau, weshalb wir zusammengekommen sind?

Das zweite Szenario findet sich in einem Brief aus Jerusalem. Der Anfang dieses Briefes lautet: „Der Heilige Geist und wir haben beschlossen, ...". Bei aller Liebe, einen solchen Brief zu schreiben, sollten wir uns besser nicht vornehmen. Der Brief, den Lukas zitiert, fasst die Ergebnisse des Apostelkonzils zusammen. Ein Apostelkonzil sind wir nicht, auch kein Partikularkonzil oder eine Provinzialsynode. Es gab und gibt gute Gründe, einen neuen Weg zu gehen, einen Synodalen Weg. Aber auf den Beistand des Heiligen Geistes dürfen wir durchaus vertrauen. Und Beschlüsse werden wir fassen. Sie können nicht unverbindlich sein.

Eine dritte Szene aus der Apostelgeschichte zeigt uns, wo wir ansetzen können. Sie spielt beim Übergang der Mission nach Europa. Paulus hat einen Traum: „Komm herüber und hilf uns", hört er einen Menschen sagen (Apg 16,9). Auf den folgenden Satz kommt es mir an: „Als er das Gesicht geschaut hatte, wollten wir sofort nach Mazedonien abfahren; denn wir kamen zu dem Schluss, dass uns Gott gerufen hatte, ihnen das Evangelium zu verkünden" (Apg 16,10). Entscheidend ist die Verkündigung des Evangeliums, auch für uns. Um sie voranzubringen, wird kein einsamer Beschluss gefasst, sondern ein gemeinsamer, auch bei uns. Es wird auch nicht einfach losgezogen, sondern zuerst überlegt, ob die Vision eine Einbildung oder eine Offenbarung ist, auch bei uns gilt: erst denken und beten, dann reden, dann machen.

Der Synodale Weg ist ein Prozess, und die Synodalversammlung ist sein stärkstes Antriebsaggregat. Nur weil diese neue Form gefunden worden ist, kann es einen Dialog auf Augenhöhe geben. Wir brauchen Diskussionen, in denen ohne Tabus alle Probleme auf den Tisch kommen, die unter den Nägeln brennen. Wir brauchen Beschlüsse, die konkrete Reformprojekte auf den Weg bringen. Wir brauchen die Beteiligung möglichst vieler in unserer Kirche, wir brauchen ökumenische Solidarität, wir brauchen die Begleitung unserer katholischen Nachbarschaft und unserer Schwesterkirchen weltweit. Wir brauchen die kritische Öffentlichkeit, an der Schnittstelle die Medien.

Bei welcher Aufgabe? „Macht und Gewaltenteilung", „Priesterliche Existenz", „Frauen in Diensten und Ämtern der Kirche", „Leben in gelingenden Beziehungen" – man könnte tausend weitere Themen nennen. Aber mit diesen vier soll angefangen werden. Alle sind Hotspots. Sie fordern uns, weil sie uns mit Ungerechtigkeit und Missbrauch in der Kirche konfrontieren, mit innerkirchlichen Spannungen und öffentlicher Kirchenkritik, die nicht abgetan werden kann. Keines dieser Themen treibt nur Deutschland um. Keines kann top down abgearbeitet werden. Jedes ist ein Schlüsselthema für die Umkehr und Erneuerung der Kirche. Jedes wird unter den Gläubigen breit diskutiert – oder auch nicht mehr, weil sich so lange nichts geändert hat und angeblich nie etwas ändern werde. Jedes Thema hilft uns, den Glauben in der Welt von heute zu verorten. Welche Chance liegt in einem neuen Miteinander von Priestern und Laien, von Männern und Frauen, von Lehre und Leben! Wir werden in der Synodalversammlung nicht alle Probleme der katholischen Kirche lösen. Aber wir müssen dort anpacken, wo man sich die Finger verbrennen kann.

Haben wir die richtige Perspektive, um die Themen auf unserem Weg voranzubringen? Papst Franziskus hilft uns die Augen zu öffnen. Gleich zu Anfang des Briefes, den er im letzten Sommer an Peter und Paul an das pilgernde Volk Gottes in Deutschland gesandt hat, steht der entscheidende Hinweis: Papst Franziskus erklärt, er wolle uns „zu einer

freimütigen Antwort auf die gegenwärtige Situation ermun-
tern". Stärker hätte die Unterstützung für den Synodalen
Weg kaum ausfallen können. Kein Verbot, kein Tabu, keine
Direktive, sondern ein starker Impuls. „Freimütig" heißt: offen und ehrlich, ohne Angst, mit Zuversicht und Gottvertrauen. „Gegenwärtig" heißt: nicht nostalgisch, nicht uto-
pisch, sondern realistisch. Wir sollen uns auf unsere „Situation" in Deutschland beziehen; diese Situation ist ernst –
nicht nur wegen des sexuellen und geistlichen Missbrauchs,
auch wegen des schleichenden Auszugs allzu vieler, mit dem
wir uns nicht abfinden dürfen. Wir sollen eine „Antwort" geben, also uns anfragen lassen – von den Betroffenen des
Missbrauchs, von den Leuten von heute innerhalb wie außerhalb der katholischen Kirche, von denen, die an der Kirche leiden, weil sie ihnen eine Herzensangelegenheit ist, und
von denen, die mehr von der Kirche erwarten: mehr Gott,
mehr Glaube, mehr Liebe und Hoffnung, mehr Gerechtigkeit
und Barmherzigkeit.

Der Brief des Papstes speist uns aber nicht mit ein paar
lobenden Floskeln ab. Er traut uns zu, Kritik zu vertragen. Er
spricht von „Versuchungen", denen wir ausgesetzt sind: Er
warnt uns davor, „an vorgefassten Schemata und Mechanis-
men" festzuhalten (Nr. 4); er warnt uns vor einem Rückzug in
„Resignation" (Nr. 5); er warnt uns davor, nur über „Strukturen, Organisationen und Verwaltung" (Nr. 5) zu reden; vor allem warnt er uns davor, auf die Herausforderungen der Gegenwart nur zu reagieren (Nr. 6) und nicht proaktiv tätig zu
werden, innovativ, kreativ.

Und wie, denkt der Papst, können wir die Versuchungen
bestehen und die richtigen Antworten finden? Drei Hinweise
vor allem enthält sein Brief.

Erster Hinweis: Der Synodale Weg muss ein geistlicher
Prozess sein. Die geistliche Dimension steht keineswegs im
Widerspruch zu den strukturellen Herausforderungen, die

wir zu meistern haben. Sie betrifft auch nicht nur die Art und Weise, wie wir miteinander umgehen, vor allem, wenn Konflikte ausgetragen werden. Die geistliche Dimension öffnet sich uns dann, wenn wir das Wirken des Heiligen Geistes nicht in ferner Vergangenheit oder ferner Zukunft vermuten, sondern hier und jetzt erkennen: in unseren Krisen, in unseren Hoffnungen und Befürchtungen, in unseren Brüchen und Aufbrüchen. Wenn wir nach dem Wirken des Geistes fragen, müssen wir dann etwa nicht nach mehr Teilhabe der engagierten Gläubigen fragen, nach überzeugenden Priesterbildern, nach stärkeren Rollen von Frauen, nach lebensnaher Sexualethik?

Zweiter Hinweis: Der Synodale Weg braucht einen *sensus ecclesiae, einen* Sinn für die Kirche als Ganze. Was heißt das? Zum einen heißt es im Sinn des Papstes: kein deutscher Sonderweg, aber auch kein Gleichmarsch römischer Truppen auf der ganzen Erde. Es gibt sehr viel, was wir hier vor Ort in Deutschland ändern müssen und können. Dann gilt: Sehen, urteilen und handeln. Wenn aber etwas eine weltkirchliche Angelegenheit ist? Dann gilt: sehen, urteilen – und nicht etwa nichts tun, sondern unsere Stimme erheben, die Stimme der katholischen Kirche in Deutschland. Zum anderen heißt kirchlicher Sinn nach der Intention des Papstes: Die Basis muss zu Wort kommen, hier in diesem Raum, aber weit darüber hinaus. Und die Bischöfe werden gefragt, wie sie sich in diesen synodalen Prozess einbringen und wie sie in den Diözesen, die sie leiten, die Beschlüsse umsetzen werden, die diese Versammlung fassen wird.

Über Partizipation darf nicht nur gesprochen werden, sie muss praktiziert werden. Das Priesterbild von morgen, es muss sich heute schon abzuzeichnen beginnen. Das Charisma von Frauen – es braucht heute Strukturen, um wirken zu können. Eine Sexualität, die personal integriert ist – wie viele Menschen würden sich freuen, von der katholischen

Kirche nicht mit lauter Verboten konfrontiert, sondern mit dem Evangelium der Gottes- und der Nächstenliebe begleitet zu werden?

Dritter Hinweis, der wichtigste: Im Zentrum all unserer Gespräche, schreibt Franziskus, muss das Evangelium stehen, die Frohe Botschaft selbst. „Das Reich Gottes ist nahegekommen." „Jesus ist von den Toten auferstanden." „Der Geist ist es, der befreit" – der Glaube an das Evangelium hat uns hier zusammengeführt. Den Menschen von heute sind wir Rechenschaft schuldig. Es geht keineswegs nur um die Glaubwürdigkeit der Kirche. Es geht um die Vitalität des Gottesglaubens selbst. „Primat der Evangelisierung" heißt nicht, dass wir zuerst über Verkündigung sprechen und dann einmal weitersehen, sondern dass wir gerade dann auf die Überzeugungskraft des Evangeliums setzen, wenn es Konflikte gibt und echte Veränderungen anstehen: bei der Machtverteilung, bei den Rollen von Priestern, bei den Diensten von Frauen, bei der Sexualmoral. Alles, was sich hier ändert, um die Evangelisierung zu fördern, ist schon Evangelisierung.

Was wir hier tun macht einige nervös, weil sie befürchten, dass es zu Tumulten kommt oder dass Beschlüsse gefasst werden, die übergriffig sind und die Kirche spalten. Andere haben die Sorge, dass es viel zu ruhig werden könnte und dass sich gar nichts bewegt, weil es an Mut und Energie fehlt, etwas Neues zu wagen. Ich setze mit vielen darauf, dass die Verkündigung des Evangeliums auch heute gefragt ist – in neuen Formen, in neuen Strukturen, in einem neuen Weg. Wir brauchen präzise Detaildiskussionen. Weil unser kirchenrechtlicher Status strittig ist, müssen wir theologisch stark sein. Wir müssen überzeugen. Ich denke, dass wir auch eine programmatische Erklärung brauchen, was uns zusammenbringt, woran wir arbeiten und wohin die Reise gehen soll.

„Komm herüber und hilf uns", so gefragt zu werden, war damals der Traum des Paulus. Wer fragt heute? Wer fragt schon lange nicht mehr? Von wem lassen wir uns anfragen und helfen? Zu wem machen wir uns auf den Weg?

Damals hat sich die Welt verändert. Lesen wir nur ein wenig weiter in der Apostelgeschichte, erkennen wir drei Ausrufezeichen: Der erste Christ Europas ist eine Christin, die Händlerin Lydia aus Philippi. Die erste Tat der Missionare ist die Befreiung einer Sklavin. Die erste Rede, die Paulus in Europa hält, ist ein Plädoyer für das Recht und für die Religionsfreiheit. Alle drei Erinnerungen sind programmatisch. Wenn wir die Impulse aufnehmen, sind wir nicht so weit von unseren Auftaktthemen entfernt. Wir sind mitten in unserer Zeit, mitten in unserer Kirche, mitten in unserer Versammlung.

(Gekürzte Fassung einer Ansprache
bei der ersten Synodalversammlung
am 31. Januar 2020 in Frankfurt)

Bitte mehr Respekt vor anderen Meinungen – auch in der Kirche!

Kerstin Stegemann, *1985, Vorsitzende
des Diözesankomitees der Katholiken
im Bistum Münster und Mitglied der
Synodalversammlung, Mitarbeit im Forum I

Vor ein paar Tagen, als ich schön konzentriert in meinem Homeoffice saß, wurde es auf einmal ganz schön laut. Hunderte Traktoren fuhren laut hupend an meinem Fenster vorbei und machten sich auf den Weg in die Münsteraner Innenstadt. Im ersten Moment wusste ich gar nicht, was da los war und habe erstmal im Internet recherchiert, worum es da geht. Dort stand, dass es Proteste gegen den aktuellen Bericht des Bundesumweltministeriums geben sollte.

Da war ich schon mal schlauer. Ob ich das jetzt gut finde oder nicht, ist an dieser Stelle aber egal. Es war etwas Anderes, das mich beim Lesen der Artikel irritiert hat.

Viele vergessen, was sich gehört

Die Artikel selbst waren in aller Regel sehr sachlich und nüchtern formuliert. Aber dann habe ich einige Kommentare darunter gelesen. Und das hat mich echt erschreckt. Das war schon beschämend, wie da so manche Politker*in angegriffen wurde und es weit über die sachliche Ebene hinausging. Da ging es nicht mehr um das Austauschen von Meinungen, da ging es nur noch darum, die andere Seite niederzumachen. Persönliche Beleidigungen waren zahlreich zu finden. Ich glaube nicht, dass das den Bauern zuzuschreiben ist, die da demonstriert haben.

Auch unter Artikeln zu anderen Themen finden sich ähnliche Kommentare. Scheinbar gibt es viele Menschen, die bei solchen Kommentaren vergessen, was sich im Miteinander gehört.

Jeder muss mal Dampf ablassen

Und wo ich so darüber nachdenke, finde ich es eigentlich noch schlimmer, dass diese „Diskussionskultur" auch vor unserer Kirche nicht haltmacht.

Ich bin Delegierte des Synodalen Wegs und selbst großer Fan dieses Prozesses. Ich möchte mich für eine Erneuerung der Kirche einsetzen, damit sie auch für künftige Generationen noch der Ort ist, wie ich sie erleben darf. Mir ist klar, dass nicht alle vom Synodalen Weg begeistert sind. Auch hier gibt es unterschiedliche Motive und Sichtweisen. Keine dieser Sichtweisen ist die einzige richtige und steht für sich, es geht um das Aushandeln von Kompromissen.

Ist es aber nicht gerade unsere christliche Verantwortung, nicht die eigene Meinung in den Fokus zu rücken, sondern auch auf den anderen zu hören? Müssen wir Christ*innen nicht in besonderer Weise auf das hören, was andere bewegt? Und dann ist ja eigentlich egal, ob wir „in echt" und live miteinander diskutieren oder ob dies im Internet passiert. Klar muss man auch mal Dampf ablassen. Aber mir steht doch in erster Linie ein Mensch gegenüber. Und den sollte ich sehen und respektieren.

(Der Beitrag wurde zunächst veröffentlicht auf
www.kirche-und-leben.de, 09.06.2020)

Kapitel 3

Innehalten und Kraft schöpfen – sich der Wegbegleitung bewusst werden!

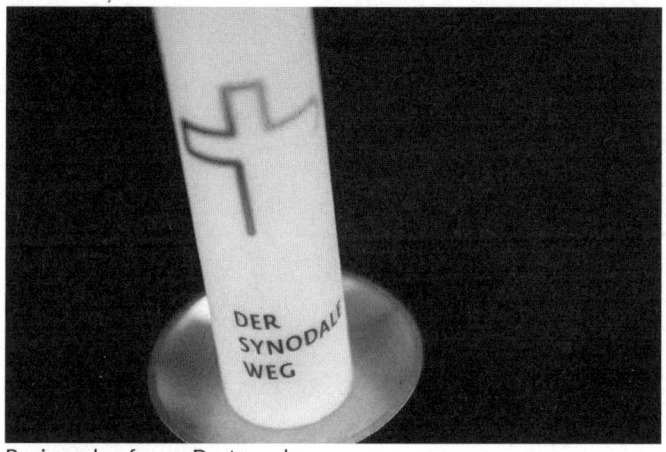

Regionenkonferenz Dortmund
Copyright: Synodaler Weg/Besim-Mazhiqi

Der Synodale Weg ist ein spiritueller Weg. Strukturdebatten und Orientierung am Evangelium greifen ineinander. In regelmäßigen Abständen werden die Diskussionen unterbrochen, um „EinHalt", so auch der Titel der Schweige- und Gebetseinheiten, zu ermöglichen. Die gestalteten Unterbrechungen wollen neue Orientierung geben, und so gehört auch das Hören auf Gottes Botschaft, das Innehalten und Bewusstwerden der Gegenwart des dreifaltigen Gottes zur Gesprächskultur. In der literarischen Form des Gebetes möchten darum die Beiträge dieses Kapitels einen geistlichen Rastort eröffnen, bevor es um die Inhalte der Synodalforen geht.

Auf dem Weg

Schärfe meine Sinne,
um die Welt zu erkennen.
Weite meine Gedanken,
über den Tellerrand hinaus.
Fördere mein Nachdenken,
damit es Folgen hat.

Schenke mir Worte,
die verstanden werden.
Versöhne meinen Zorn,
damit Neues gelingt.
Stärke meinen Glauben,
damit ich aus ihm leben kann.

Erhalte mir echte Freunde,
die mich hinterfragen.
Biete mir faire Kritiker,
an denen ich mich reibe.
Stärke meine Beziehung
zu Dir, mein Gott.

Leite mein Handeln,
damit aus klugen Worten
gute Taten werden.

(Marcus Leitschuh)

Um Geistkraft, heilige

Atme in uns Heiliger Geist!
Brich dir Bahn in der eingeübten Atemlosigkeit unserer
Termine,
damit wir entlarven, was Unheil schafft,
dass wir verändern, wo Not gewendet gehört.
Entstaube die Botschaft des Evangeliums,
dass uns durchströmt, was heilig ist und uns befreit!
Wehe sanft dort, wo uns der Atem stockt,
im Angesicht der Opfer und angesichts unserer Angst
Schöpfende, schwebende Geistkraft
im Tohuwabohu des Nichtssagenden und
Nichtgesagten!
Atme in uns.

Brenne in uns, Heiliger Geist!
Zerstöre die Beharrungskräfte und Machtübergriffe,
die Überheblichkeit, die sakral erhöhte Willkür.
Sauge hinein in dein Feuer alles Übel und alle Schuld.
Erlösendes Feuer des geistlichen Wirkens,
werde häuslich bei uns wie die Flammen deiner Nähe
bei den Aufbrechenden am Pfingsttag.
Begleite unser Reden und Verkündigen in Wort und Tat,
damit deine Botschaft hell leuchtet
im Stimmengewirr unserer Zeit.
Brenne in uns.

Wirke in uns, Heiliger Geist!
Treibe uns voran, du geistliche Allmacht und Weisheit.
Lehre uns unterscheiden, lehre uns streiten,
uns auseinandersetzen und neu zu fügen.
Lehre uns entscheiden und hilfreich gestalten.
Wirke in uns.

Atem Gottes, komm!
Bringe du jene ins Wort, die aus Gewohnheit und
Achtlosigkeit ungesehen sind,
tröste die Leidenden,
lade Belastete ein in eine tragende Gemeinschaft.
Rufe herbei, wer Segen bei sich trägt,
öffne alle Augen für die Not,
die zu wenden du uns rufst.
Steh uns bei, wenn wir müde und mutlos werden
und umhülle uns zum Einhalt, wenn wir nicht
weiterwissen.
Atem Gottes, komm!

(Michaela Labudda, inspiriert von GL 346)

Weil Gott mit geht

Gott war immer mit dabei.
Auf biblischen Wegen
durch die Wüste.
In unseren Bewegungen
dieser Tage.
Gott geht immer mit.
Als Weggefährte,
in dieser Zeit.
Ganz heute. Mit uns.

Neben uns, im Dialog
über unsere Themen.
In unserer Sprache.
Mit fühlend. Fühlbar da.
Gerne Begleiter,
damit wir nie alleine sind.

Gut hinter uns,
als Schutz im Rücken.
Manchmal auch antreibend.
Schubsend. Ungeduldig.
Oft vor uns.
Richtung gebend.
Wegweisend.
Motivierend.
Ganz unter uns,
damit wir auf dem Boden
der Tatsachen gehen.

Wir sind nie grundlos,
mit ihm unterwegs.
Gott ist. Er. Sie. Es.
Immer über uns
mit seinem Segen.

(Marcus Leitschuh)

Gebet für die Kirche

Gott, Du willst eine Kirche,
die aus Fehlern lernt
und sich erneuert.
Du willst eine Kirche,
die geschlechtergerecht ist
und in der Frauen ihre
Berufungen leben können.
Du willst eine Kirche,
die diakonisch ist, den Armen
und Bedrängten beisteht
und die Schöpfung bewahrt.
Schenke uns Deine Geistkraft
und den Mut, für eine
glaubwürdige Kirche einzutreten.

(Monika Altenbeck, kfd-Bundesverband)

Vergebungsbitte

Wir haben versagt.
Weggeschaut.
Verheimlicht.
Gerechtfertigt.
Und geschwiegen.

Auch ich.

Wir haben verharmlost.
Relativiert.
Runtergespielt.
Übersehen.
Und verdrängt.

Ich auch.

Glaube – nur gesagt, nicht gelebt.
Liebe – zu einer Vokabel degradiert.
Hoffnung – aus dem Herzen gerissen.
Gott – in den Schatten gestellt.

Umkehr tut Not.
Wird glaubwürdig,
wenn wir uns ändern.
Zukunftsfroh,
wenn Neues gelingt.
Wir bitten um Vergebung.
Und leben Veränderung.

Wir. Ich. Mit Gott.

(Marcus Leitschuh)

Für unsere Kinder und Enkel
(entlang der Forenthemen)

Gott, gib dem Heiligen deiner Kirche eine Chance
für unsere Kinder und Enkel.
Sie sollen einen Raum finden, dir zu begegnen.

Einen Raum der Wirkmächtigkeit und Mitgestaltung,
voll Freiheit, nicht von Angst geprägt.
Raum der Ermöglichung, die ihnen geschenkten Gaben
zu entfalten.

Einen Raum, ihre eigene Königskindschaft zu entdecken,
sich als von dir geheiligt zu erfahren,
selbst Raum zu schaffen –
als priesterliche, behütende Menschen, die künden
können von deiner Nähe.

Einen Raum, in dem es keinen Unterschied macht,
welchem Geschlecht sie zugehören,
weil sie vor allem anderen deine geliebten Kinder sind.

Einen Raum, in dem sie sich selbst sicher erleben können
mit Leib und Seele,
einen Raum der Liebe mit all ihren Facetten.

Gott, gib dem Heiligen deiner Kirche eine Chance
und mir den Freimut Neues zu denken und Gutes zu
bewahren,
um zu berühren, zu lindern und zu bewegen,
auf meinem Weg von dir her und zu dir hin. Amen.

(Michaela Labudda)

Gebet für den Synodalen Weg

Gott, unser Vater,
Du bist denen nahe,
die Dich suchen.
Zu Dir kommen wir mit den Fragen unserer Tage,
mit unserem Versagen und unserer Schuld,
mit unserer Sehnsucht und unserer Hoffnung.
Wir danken Dir für Jesus Christus,
unseren Bruder, unseren Freund und unseren Herrn.
Er ist mitten unter uns,
wo immer wir uns in seinem Namen versammeln.
Er geht mit uns auf unseren Wegen.
Er zeigt sich uns in den Armen, den Unterdrückten,
den Opfern von Gewalt, den Verfolgten und an den Rand
Gedrängten.
Wir bitten Dich:
Sende uns den Heiligen Geist,
der neues Leben schafft.
Er stehe unserer Kirche in Deutschland bei
und lasse sie die Zeichen der Zeit erkennen.
Er öffne unser Herz,
damit wir auf Dein Wort hören
und es gläubig annehmen.
Er treibe uns an, miteinander die Wahrheit zu suchen.
Er stärke unsere Treue zu Dir
und erhalte uns in der Einheit mit
unserem Papst und der ganzen Kirche. Er helfe uns,
dass wir Deine Gerechtigkeit und
Deine Barmherzigkeit erfahrbar machen. Er gebe uns die
Kraft und den Mut,
aufzubrechen und Deinen Willen zu tun.
Denn Du allein bist das Licht, das unsere Finsternis er-
hellt, Du bist das Leben, das Gewalt, Leid und Tod be-
siegt.
Dich loben wir, jetzt und in Ewigkeit. Amen.

Kapitel 4

Forum I:

Macht und Gewaltenteilung in der Kirche – Gemeinsame Teilnahme und Teilhabe am Sendungsauftrag

© Synodaler Weg/Malzkorn

Die Themen aller Foren sind der MHG-Missbrauchsstudie entnommen. Sie benennen systemische Ursachen, die Missbrauch begünstigen. In diesem Forum I geht es um einen neuen Umgang mit und eine neue Verteilung von Macht. Die Bindung an Kleriker, die Ausschließlichkeit männerbündischer Strukturen und die fehlende Kontrolle werden als kritische Punkte erkannt. Darum widmet sich dieses Forum u.a. konkret auch dem Aufbau einer Verwaltungsgerichtbarkeit.

Die Beitragenden dieses Kapitels sind Mitglieder im Forum, sie benennen die systemischen Ursachen, stellen Fragen im Hinblick auf die theologische Zuordnung und geben gar ein Plädoyer „hin zur Macht" (Sellmann) ab. Kritik richtet sich aber auch an den Synodalen Weg selbst und Schwächen der Partizipation (Picken). In einer wortgetreuen Zeitreise (Knop) wird der Zugang in die Zukunft projiziert. Schließlich wird nach den kirchenrechtlichen Notwendigkeiten (Demel) gefragt.

Machtausübung durch Kirche – worum geht es überhaupt?

Matthias Sellmann, *1966, Bochum, Theologe und
Sozialwissenschaftler, Prof. für Pastoraltheologie an der
Katholisch-Theologischen Fakultät der Ruhr-Universität
Bochum; Gründer und Leiter des ‚Zentrum für
angewandte Pastoralforschung‘,
Mitglied der Synodalversammlung und im Forum I

Das Motto lautet nicht: Weg von der Macht!

Eines der Hauptwörter des Synodalen Weges ist der Begriff ‚Kirchliche Macht‘. Und der Anlass für den Synodalen Weg ist die erschreckende Erkenntnis von kirchlichem Machtmissbrauch in den Feldern sexueller Gewalt, finanzieller Verschwendung und geistlicher Manipulation. Aus Ersterem, dem Missbrauch, entstanden die Themen des ‚Weges‘: Die MHG-Studie hat klare Systempathologien benannt, deren Nichtbeachtung die Wahrscheinlichkeit für Machtmissbrauch durch Kirche erhöht. ‚Kirche‘, das heißt dabei: sowohl kirchliche Akteure wie kirchliche Strukturen. So kommt es, dass die vier Foren des Synodalen Weges folgende vier Strukturen bearbeitbar machen, die kirchliche Machtausübung konkretisieren:

Forum 1 („Macht und Gewaltenteilung in der Kirche – Gemeinsame Teilnahme und Teilhabe am Sendungsauftrag"): Wie wird kirchliche Macht in Richtung Gewaltenteilung kontrollierbarer?

Forum 2 („Priesterliche Existenz heute"): Wo liegen in der Lebensform von geweihten Amtsinhabern Dispositionen zu verfehlter Machtausübung? Und wie kommt man zu gut lebbaren und ausstrahlungsstarken Formen priesterlichen Lebens?

Forum 3 („Frauen in Diensten und Ämtern in der Kirche"): Wie wird Frauen der Zugang zu amtlichen Strukturen kirchlicher Machtausübung ermöglicht?

Forum 4 („Leben in gelingenden Beziehungen – Liebe leben in Sexualität und Partnerschaft"): Wie kann eine neue Sicht auf die kirchliche Sexualmoral die Wahrscheinlichkeit von sexueller Gewalt in kirchlichen Strukturen verringern?

Diese vier Themen stehen im Schatten von Menschen, an denen sich kirchlich verantwortete Gewalt als lebensschädigend, teilweise sogar tödlich ausgewirkt hat.

Dies ist das eine und das Wichtigste: die Autorität der Opfer. Das zweite drängt sich aber ebenso auf: Diese ganze Thematik von Gewalt, Missbrauch, Strukturen und Systemen – das scheint so weit weg von dem zu sein, was man mit Kirche, Pastoral, Gemeinde und Reich Gottes verbindet, dass man geneigt ist, alles insgesamt für unchristlich zu halten. Soll Kirche doch einfach auf Macht verzichten, dann hätte man all die Probleme nicht.

Das aber ist nicht die intellektuelle Alternative, nicht die Reformherausforderung, vor der der Synodale Weg steht. Für dieses Verständnis soll hier geworben werden: Kirche hat Macht; und sie soll sie auch haben. Denn es ist eine faszinierende Form von Macht, zu der sie Zugang hat. Und es würde kulturell sehr Wesentliches fehlen, wenn diese Macht und ihre Auswirkungen fehlten. Darum lautet der Reformpfad *nicht*: Weg von der Macht. Sondern: Hin zum Segen guter Ausübung von religiöser Macht.

‚Hin zur Macht' – erste Begründungen

Religionen haben Zugang zu faszinierenden Machtmöglichkeiten und sollten sie nutzen – das klingt irritierend im Gegenwartskontext von Missbrauchsskandalen, religiös motivierten Selbstmordattentätern oder dem schwierigen Management von interreligiösen politischen Konflikten. Genau in dieser richtigen Analyse und Bewertung liegt schon ein erster Hinwies auf das, was Religionen können. Und es wird auch klar, welch enorme Verantwortung gerade mit diesem Machtzugang verbunden sein muss.

Gemeint ist dies: Religionen im Allgemeinen wollen dem Leben und dem Heil gerade dadurch dienen, dass sie das immanente Leben (‚Diesseits') nicht als den einzigen Horizont des Daseins aufzeigen. Religionen empfehlen den Zugang zu einer unbedingten (meistens transzendenten) Macht, um damit alle immanenten Machtansprüche zu relativieren. Im Bild: Wer vor Gott die Knie beugt, wird das vor keinem irdischen Machthaber mehr tun müssen. Wer Gott als obersten Wert hat, muss keinen anderen Wert mehr verabsolutieren. Man muss keiner Ideologie mehr hinterherrennen, keinem Prestigewahn, keinem Körpermodell, keiner Seilschaft, keinem schnellen Glücksversprechen. Gehst Du mit Gott, rückt alles andere an seinen Platz – und nichts regiert Dich mehr. Ganz kurz: Das religiöse Versprechen geht auf Freiheit, auf Loslassen, auf ontologisches Durchatmen – weil man an einem Punkt gehalten wird, dem niemand ‚hier unten' etwas anhaben kann.

Macht als Vollmacht bei Jesus von Nazareth

Jesus von Nazareth hat diese Freiheit verkörpert. Und wie! Man muss kein Jesus-Fan sein, muss nicht religiös sein, nicht einmal ein Sympathisant von Religion, um das anerkennen zu können. Die ersten Geschichten rund um Jesus bezeugen literarisch, dass er alle damaligen Vorstellungen von Freimut, innerer Unabhängigkeit und daraus resultierender Energiezufuhr gesprengt hat. Vielleicht entstehen die ‚Evangelien' als Bücher sogar nur deswegen, weil man im galiläischen Dorf sofort angefangen hat zu tratschen, zu schwärmen und zu denken, wenn Jesus auf dem Weg zum nächsten war. Was an Jesus so anziehend war, wird dann im Machtbegriff kondensiert: „In Kafarnaum ging Jesus am Sabbat in die Synagoge und lehrte", heißt es zu Beginn des Markusevangeliums. „Und die Menschen waren sehr betroffen von seiner Lehre; denn er lehrte sie wie einer, der göttliche Vollmacht hat, nicht wie die Schriftgelehrten." (Mk 1,22)

Dieser kleine Satz spricht Bände. Wäre man Regisseurin, wüsste man ungefähr, wie man solch eine Szene bebildert. Das Wichtigste, was man zu religiöser Macht sagen kann, ist hier komprimiert:

- Es geht um etwas, das Lebenspotenziale aufmacht – man wird gesünder, gelassener, großzügiger, fähiger, wenn man Jesus hört.
- Es geht um etwas, das zu Kritik befähigt – wer mit seiner Macht diese Lebenspotenziale nicht eröffnet (hier: Schriftgelehrte), wird durchschaut.
- Es geht um etwas, das magnetisch ist, anfordernd, eben nicht neutralisiert oder anästhetisiert – man wird getroffen, weil es darum geht, wo ich selbst Träger von Lebenspotenzial werden kann und soll.

- Es geht um etwas, das nicht der definiert und beansprucht, der redet, sondern die, die hören – Jesus wird hier von den ‚Leuten' Vollmacht zugeschrieben; oder eingängiger: Er weckt Vertrauen in die Macht, die er ausstrahlt.
- Es geht um etwas, das offenbar ‚lehrbar' ist, systematisierbar, ordnungsoffen – denn Jesus verkündet es in der Synagoge, also in einem Teil eines organisierten Religionssystems.

Alle fünf Punkte sind für eine allgemeine Optik auf den Synodalen Weg inspirierend. Vor allem aber der letzte drängt sich auf. Denn er verweist auf die Hausaufgaben eines Systems. Diese sollten so gelöst werden, dass die Punkte eins bis vier zugänglich und erfahrbar bleiben. Ganz offenbar ist schon im jesuanischen Impuls angelegt, dass diese ‚Vollmacht' nicht einfach charismatisch herumwildern soll. Jesus und seine Jüngerinnen und Jünger wie seine Evangelisten wissen sehr wohl, wozu religiöse Gewalt fähig ist, wenn man sie ohne Kontrolle loslässt: sie führt zum Beispiel nach Golgota.

Wer hat wann göttliche Vollmacht?

Für die Kirche in der Nachfolge des vollmächtigen Jesus stellt sich die Frage daher so: Wer darf wann und unter welchen Bedingungen legitim und authentisch im Namen Gottes reden und in dieser seiner Vollmacht handeln?

Es ist sehr gut, dass die Dogmatik der letzten Jahre hier neue und wegweisende Erkenntnisse erbracht hat. Das Thema bündelt sich in der Linse einer ‚sacra potestas'; und viele Studien konnten zeigen, dass der theologische Reformbedarf genau an einem neuen Verständnis dieser ‚sacra potestas' und seiner kirchenrechtlich zu fassenden

Konsequenzen anzusetzen hat. Man wird gespannt sein dürfen, ob der Synodale Weg diese anspruchsvolle theologische Arbeit mit einer sorgfältigen Rechtsordnung, robuster Diplomatie und verständlicher Kommunikation nach außen zusammenbringen kann.

Zwei Aspekte werden für den Synodalen Weg wichtig sein. Zum einen zeigen die erwähnten Studien, dass die lehramtlichen Entwicklungen speziell des 19. Jahrhunderts zu einer Hermetik geführt haben, die das Lernen der Organisation stillstellt. Die kirchlichen Strukturen, speziell bezogen auf das kirchliche Amt, wurden in aufgipfelnder Weise sakralisiert. So schützte man die Kirche zwar vor den damals als äußerst existenzbedrohend angesehenen kulturellen und gesellschaftlichen Entwicklungen der Zeit – wie Darwinismus, Nationalstaatsbewegung, Meinungsfreiheit u.a. Gleichzeitig aber wurde der Schutz zum nicht atmenden Panzer: Man wurde unfähig, Weiterentwicklungsimpulse aus der Umwelt aufzunehmen, erklärte sich zur ‚societas perfecta‘ und bezog alles auf sich statt sich auf andere.

Diese Hermetik aber widerspricht sowohl der Idee des Heiligen an sich wie der Idee katholischer Selbststeuerung im theologischen Bereich. Theologie ist nämlich Machtkontrolle, und daraus folgend religiöser Verbraucherschutz. Um es kurz zu sagen: Theologie arbeitet immer mit einem Netzwerk aus Erkenntnisorten, die Wichtiges über Gott sagen. Solche Orte sind – natürlich – die Bibel und die Tradition; dann die Konzilien, das Lehramt, die Kirchenväter, aber auch Philosophie und Geschichte. Das Zweite Vatikanische Konzil hat die ‚Zeichen der Zeit‘ und den ‚Glaubenssinn des Gottesvolkes‘ neu (wieder-)entdeckt.

Der Clou ist nun – und diesen Clou sollte der Synodale Weg nicht unterbieten – dass diese Orte der Glaubensinformation sich wechselseitig brauchen und erschließen. Ja, sie sind für einander unverzichtbares *Controlling*. Es reicht nicht aus, auf Demokratie und Partizipation als ‚Zeichen der Zeit' hinzuweisen; man muss auch die Schrift befragen, das Lehramt, die Spiritualität, den Glaubenssinn der Vielen, ob auch insgesamt passt, was die Zeit sagt. Genauso reicht es nicht aus, nur auf das geltende Kirchenrecht oder die geltende Dogmatik zu verweisen und schon von daher bestimmte Fragen als geklärt zu erklären. Wer nicht auch die Zeit befragt, die Geschichte, die Philosophie usw., verweigert den Ideologieschutz des katholischen Erkenntnis-Netzwerkes.

Heiliges, das durch einseitige Hermetik welcher Couleur auch immer geschützt werden soll, wird zur Willkür freigegeben. So entsteht Gewalt. So wird eine Macht verraten, die die ‚Welt' so dringend braucht – denn die lebensöffnende Vollmacht eines Gottes ist das einzige, das sie nicht selbst aus sich heraus hervorbringen kann.

„Der Synodale Weg zeigt Mangel an Demokratie und Partizipation"

Stadtdechant Dr. Wolfgang Picken, *1967,
Delegierter des Priesterrates im Erzbistum Köln
für die Synodalversammlung, Mitglied im Forum I,
im Gespräch mit
Ayla Jacob, *1977, Leiterin der Presse- und
Öffentlichkeitsarbeit Stadtdekanat Bonn

Wie ist Ihr erster Eindruck von den ersten Versammlungen des Synodalen Weges?

Dr. Picken: Das Besondere an den Versammlungen ist, dass Menschen unterschiedlichen Alters, Herkunft und kirchlicher Positionen zusammenkommen. Man lernt sich kennen und tritt in einen spannenden Dialog ein. Allerdings war es bei der Vollversammlung mit mehr als 200 Teilnehmern schwierig, über kontroverse Themen zu diskutieren. Viele hatten feste Sätze im Kopf, die sie loswerden wollten. So wurde wenig aufeinander gehört. Corona hat eine positive Änderung gebracht, weil die Regionenkonferenzen jeweils nur 50 Teilnehmer haben. So ist eine Diskussion in einem ganz anderen Rahmen möglich, da deutlich mehr Leute zu Wort kommen. Das Problem: Die Regionalkonferenzen sind in der Satzung nicht vorgesehen. Wie also wertet man deren Ergebnisse und wie bringt man sie in den Gesamtkontext ein?

Welche Probleme sehen Sie im Vorgehen des Synodalen Wegs?

Dr. Picken: Der Synodale Weg würde den Lackmustest, wirklich demokratisch und partizipatorisch angelegt zu sein, nicht bestehen. Das ist sehr bedauerlich. Deutsche

Bischofskonferenz (DBK) und Zentralkomitee der deutschen Katholiken (ZdK) haben die Modalitäten ausgehandelt. Erst später fiel auf, dass die Delegierten der beiden Gremien nicht die gesamte Kirche abbilden. So kamen die Vertreter der Priesterräte und andere hinzu. Fast die Hälfte aller Delegierten gehören jetzt nicht dem ZdK oder der DBK an. Aber nur deren Mitglieder können ins Präsidium gewählt werden, die Leitung eines der vier Foren übernehmen oder ein passives Wahlrecht ausüben. Das ist das erste No-Go. Wer partizipativ arbeitet und mit Macht gut umgeht, der unterscheidet nicht in aktives und passives Wahlrecht. Das aber, so das Argument, sei so in der Satzung vorgeschrieben. Eine Satzungsänderung wurde nicht in Betracht gezogen. Und das bei einem Synodalen Weg, der vor Reformen in Kirchenrecht und Lehre nicht zurückschreckt.

Was ist das zweite No-Go?

Dr. Picken: Es wurden vier Themenforen gebildet, in jedem sollten 20 Mitglieder sitzen. In der ersten Versammlung wusste niemand, wer das sein wird. Es war nur bekannt, dass sich die Vorsitzenden von ZdK und DBK, Prof. Dr. Thomas Sternberg und Reinhard Kardinal Marx, bereits auf die Namen verständigt hatten. Sie hatten Kriterien aufgestellt, nach denen die Teilnehmer ausgesucht wurden. Über diese wurde nicht diskutiert, es wurde nicht gefragt, ob die Synode sie akzeptiert. Die Delegierten hatten lediglich die Möglichkeit, den Listen komplett zuzustimmen oder sie abzulehnen. Hinzu kam, dass die Hälfte der Forenmitglieder externe Fachleute sein sollte, keine Synoden-Teilnehmer also. Somit hätte die inhaltliche Debatte weitgehend ohne eine weitreichende Partizipation der synodalen Mitglieder stattgefunden. Mit riesigem Aufwand haben wir mit einer Gruppe dafür Sorge getragen, dass die Synode in alle vier Gruppen noch einmal fünf Mitglieder nachwählen durfte. So bin ich in das Forum „Macht und Partizipation" gekommen.

Ist die Synode also so etwas Ähnliches wie Blendwerk?

Dr. Picken: Das Vorgehen ist auf jeden Fall eine Umgehung der Ideale von Macht und Partizipation und setzt sich dem Verdacht der Manipulation aus. Wären alle an der Zusammensetzung der Foren beteiligt gewesen, wäre die Akzeptanz der Ergebnisse größer. So wird wohl später gesagt werden, bestimmte Leute hätten den Prozess von Anfang an bewusst in eine bestimmte Richtung gelenkt. Schreibe ich der Synode Kompetenzen zu, muss ich ihr auch zutrauen, die Arbeitsgruppen zu besetzen. Das ist nicht geschehen. Was ich dramatisch finde, weil es zeigt, dass die Macht- und Kontrollverlustängste sehr stark vorhanden sind.

Wie bewerten Sie dieses Vorgehen?

Dr. Picken: Manche werden das nicht so gravierend finden. Schließlich wird geredet und das Volk kann vermeintlich entscheiden. Aber es ist mindestens so manipulativ und so wenig demokratisch, wie man es der „herrschenden" Kirche vorwirft. Die progressiven Kräfte haben unbestritten eine Mehrheit. Dennoch wurde nichts dem Zufall überlassen. Mit diesem Vorgehen treibt man die Minderheitenposition in eine Ecke. Niemand aus dem konservativen Spektrum sitzt im Präsidium, niemand leitet ein Forum, niemand ist Schriftführer. Namhafte Theologen dieses Spektrums fehlen. Es ist problematisch, diejenigen, die anderer Meinung sind, immer mehr ins Abseits zu stellen. Die Methodik und das Verfahren begünstigen das. Bestimmte Leute haben eine bestimmte Teleologie und die Theologie läuft dem hinterher.

Wie sollte man Ihrer Meinung nach vorgehen?

Dr. Picken: Es wäre bei den vielen Nichttheologen unter den Teilnehmern wichtig, erst den Status Quo der kirchlichen Lehre zu beschreiben und auf dieser gemeinsamen Basis zu diskutieren. Dieser Schritt aber fehlt. Denn für viele kommt von vorneherein nichts anderes infrage, als eine Reform. Sie ist das Ziel. So ist es quasi unmöglich festzustellen, ob und inwiefern die Lehre der Kirche und die Theologie ihre Berechtigung haben.

Was bedeutet das für den Synodalen Weg?

Dr. Picken: Mir fehlt die Wertschätzung gegenüber 2000 Jahren Lehre der Kirche. Behält man die nicht, wird am Ende der Synode die Glaubwürdigkeit der Kirche kollabieren. Man muss sich klarmachen, dass man von Deutschland aus das ändern kann, was unter die Macht der Bischöfe fällt. In diesem Bereich bestehen viele Möglichkeiten zur Veränderung. Zum Beispiel bei der Frage, wie sich Laien bei der Wahl ihrer Pfarrer oder Bischöfe beteiligen können. Anders sieht es bei den Dingen aus, die unter die Kompetenz der Weltkirche fallen. Der Synodale Weg tritt mit dem Anspruch auf, auch sie grundlegend zu reformieren. Was aber geschieht, wenn wir Reformen anstoßen, Rom aber nicht mitgeht? Wie wollen wir dann als deutsche Kirche weiterleben? Dann müssen wir einen Glauben leben, von dem wir vorher zu Teilen vorschnell festgestellt haben, dass er „verrückt" und „von gestern" ist. Das Ergebnis wird ein Verlust von Authentizität und Absatzbewegungen sein und könnte zur Spaltung führen.

Ist der Synodale Weg – Stand jetzt – also eher eine Gefahr als eine Chance?

Dr. Picken: Nein, ich glaube, dass er große Chancen birgt, wenn er sich auf zwei Dinge fokussiert: möglichst integrativ zu sein und sich im Wesentlichen auf das zu konzentrieren, was wir verändern können. Ich glaube, dass sich die Synode zu viel vornimmt. Man kann Spielräume ausreizen und Appelle formulieren, aber nicht wenige wollen die Weltkirche mit revolutionären Veränderungen reformieren. Es wird künstlicher Zeitdruck aufgebaut, der an den Anforderungen einer seriösen Debatte vorbeigeht. So wichtig Veränderungen sind und so sehr vermieden werden muss, dass der Prozess ohne konkrete Ergebnisse bleibt, so wenig helfen Hektik und fehlende Offenheit. Auch ein Konzil musste lernen, dass manche Themen mehr Zeit und Gründlichkeit brauchen. Ich befürchte, dass der Synodale Weg durch Veränderungsprozesse mehr Heil und Fortschritt für die Kirche verspricht, als er in Summe bringt. Nachher hat man das Vorhandene zerschlagen, aber kaum etwas daneben aufgebaut.

Welche Probleme sehen Sie noch?

Dr. Picken: Dass nicht über den Tellerrand geschaut wird. Beispielsweise gab es vor rund 50 Jahren einen ähnlichen Weg in der niederländischen Kirche. Es waren dieselben Themen, dieselben Anstöße. Das Ergebnis: Die niederländische Kirche ist fast von der Bildfläche verschwunden. Außerdem sollte man sich vor Augen führen, dass wir – sollten wir alle Veränderungen umsetzen – an vielen Stellen nicht mehr weit vom reformatorischen Bekenntnis entfernt sind. Das hat bereits all das und befindet sich dennoch in einer desolaten Situation.

Was also wäre der richtige Weg?

Dr. Picken: Die Frage ist, ob wir an den richtigen Stellen ansetzen. Mein Impuls war, nicht schon wieder über eine innerkirchliche Bewertung von Sexualität, Ämtern und Priestern zu reden, sondern über ein fünftes Thema: die Zukunftsfähigkeit von Kirche in der modernen Gesellschaft. Wie können wir gewinnende Kirche sein? Wo können wir wie in Erscheinung treten und uns einbringen? Umwelt, soziale Ungerechtigkeit und Partizipation, auch der Dialog unter den Religionen könnten große kirchliche Themen sein. Da aber hält man sich heraus. Fridays for future findet ohne Kirche statt, ist aber unser Thema: Schöpfung. Wir aber partizipieren nicht, weil wir uns um uns selbst drehen. Die Idee wurde übrigens abgelehnt, weil ein fünftes Thema in der Satzung nicht vorgesehen ist.

Wo sollte die Kirche am Ende des Synodalen Wegs stehen?

Dr. Picken: Die Fragen der Seelsorge vor Ort sollten beantwortet werden. Dort geht es nicht zuerst um die die Frage der Macht der Bischöfe oder die Ordination der Frau. Es geht darum, wie man sich organisiert, wie man geistliches Leben in einer säkularen Welt gestaltet. Diese Fragen beantwortet der Synodale Weg leider nicht, sie will sich nicht im „Klein der Kirche" verlieren. Darin aber leben wir alle. Ich würde mir wünschen, dass man sich mit den kreativen Impulsen vor Ort auseinandersetzt, die Kirche heute braucht, um in die Zukunft zu gehen.

Zeiten der Krise:
Wie wird es gewesen sein?

Prof. Dr. Julia Knop, Erfurt, *1977,
Professorin für Dogmatik
an der Katholisch-Theologischen Fakultät der Universität Erfurt,
Mitglied der Synodalversammlung, Mitglied des Forums I

Im Zuge der Krise, die die Corona-Pandemie und die mit ihr verbundenen existenziellen, medizinischen, kulturellen und wirtschaftlichen Sorgen hervorgerufen haben, kam das Futur II wieder ins Gespräch. Es ist ein Tempus, das längst nicht jede Sprache kennt. Auch im Deutschen ist es eher in Grammatikbüchern als im mündlichen Sprachgebrauch zu finden. Wenn wir miteinander reden, ersetzt meistens das Präsens diese eigentümliche, komplizierte Zeitform des Futur II. Die unvollendete Gegenwart ist grammatikalisch leichter zur Sprache zu bringen als die vollendete Zukunft. Aber das Präsens zieht die Grenzen der Wahrnehmung und des Denkbaren auch enger.

Das Futur II, präzise formuliert, lässt dagegen weiter denken. Es öffnet den Horizont. Es entwirft eine künftige Retrospektive. Es lässt von einem projektierten Übermorgen auf das später einmal vergangene Heute zurückschauen. Wie wird es gewesen sein? Wie werden wir in einem, in fünf, in zehn Jahren diese Monate sehen? Wie werden wir das gegenwärtige Engagement, das kommunikative Niveau, die theologischen Anstrengungen, die kirchlichen Konflikte und natürlich die Ergebnisse des Synodalen Wegs beurteilen? Was werden wir im Nachhinein als Meilenstein, was als entscheidendes Krisenmoment qualifizieren? Wird es, wie beim letzten Konzil, einen „schwarzen Donnerstag" gegeben haben, einen Punkt, an dem das gesamte Projekt zu kippen drohte – und wird ein solcher Kipppunkt überwunden worden sein? Sind wir vielleicht just im Moment an einem solchen Kipppunkt? Das Futur II ist das Tempus, das ein Nachhinein in Aussicht stellt, in dem man klüger (gewesen) sein wird als in der Gegenwart. Erst im Nachhinein wird man sagen können, ob der Synodale Weg, wie viele es derzeit mutmaßen, die letzte Chance einer satisfaktionsfähigen, glaubwürdigen, lebensförderlichen katholischen Kirche in Deutschland gewesen sein wird – und ob man sie ergriffen und das Ruder noch einmal herumgerissen haben wird.

Zum jetzigen Zeitpunkt – nicht mehr ganz am Beginn, aber noch auf seinen ersten Etappen – zeigt sich noch nicht, was werden wird (Futur I). Sichtbar wird allerdings in aller Schärfe, was ist (Präsens) und später einmal gewesen sein wird (Futur II): Wir erleben gerade eine äußerst konfliktive, polarisierte Gemengelage sehr unterschiedlicher Positionen. Die entscheidenden Differenzen brechen daran auf, wie man die Situation und Handlungsfähigkeit der Kirche beurteilt und wie man die eigene Rolle und Wirksamkeit in dieser Kirche wahrnimmt. Nicht nur die Konflikte, auch das Engagement derer, die sich am Synodalen Weg beteiligen, entzünden sich daran – und hier wird es, temporal gesehen, nun vollends kompliziert –, wie man die kirchliche Gegenwart in Bezug auf ihre Vergangenheit bestimmt und welche Zukunftsaussichten man ihr auf den alten Pfaden zumisst. Wer in der kirchlichen Gegenwart keine Krise und in ihrer Vergangenheit kein grundsätzliches Problem erkennt, wer sich selbst als Repräsentant der heiligen, nicht aber der sündigen Kirche sieht, wer Macht und Machtmissbrauch für ein weltliches, nicht aber kirchliches Problem hält, für den stehen überkommene Strukturen und Rollen nicht zur Disposition. Für den ist vielmehr ihre Konsolidierung das Gebot der Stunde – auch und gerade gegen diejenigen, die um eine entsprechende Innenrevision und eine erneuerte

Machtkonfiguration ringen. Kein Wunder, dass sehr grundsätzlich gestritten wird.

Eigentlich war diese Grundsatzfrage allerdings lange entschieden – im Hintergrund wird sie aber immer wieder neu aufgerufen, um den synodalen Prozess zu delegitimieren. Der Synodale Weg ist im Frühjahr 2019 als Reaktion auf die MHG-Studie initiiert worden, die der kirchlichen Institution aufgrund des Ausmaßes sexualisierter Gewalt und ihrer Vertuschung durch Kleriker ein massives Systemversagen attestiert hatte. Dieses Systemversagen betrifft die strukturelle und die ideelle Ebene. Es betrifft die Organisation und die theologische Legitimierung kirchlicher Machtverhältnisse. Es betrifft speziell die Konzeption des kirchlichen Amtes und die daraus erwachsende Position der Amtsträger. Es betrifft ihr Selbstverständnis, ihre Spiritualität und Lebenstüchtigkeit und ihre Leitungskompetenz. Es betrifft die strukturelle Ungleichbehandlung der Geschlechter und die Wahrnehmung von Sexualität im Ganzen. Und es betrifft den Anspruch, als Kirche über all das bestimmen und urteilen zu können, also Sprach- und Urteilsmacht bis in die privatesten Sphären menschlichen Lebens hinein zu üben, sei es im Leben der Priester, sei es im Leben der Gläubigen.

Auf der Strecke blieben ungezählte gebrochene Biographien von Opfern priesterlicher Gewalt, von Ausgeschlossenen und Diskriminierten. Ungeahndet und unaufgearbeitet blieben auch zahlreiche Täterbiographien. Diese kirchliche Unheilsvergangenheit ist nicht abgeschlossen – weder bei Opfern noch bei Tätern noch bei Verantwortlichen in den Bistumsleitungen. Ihre zerstörerische Kraft ist im Leben der Betroffenen und in den Strukturen des Systems weiterhin wirksam und tritt in immer neuen Fällen zutage (Präsens). Sie wird wirksam bleiben (Futur I), solange die systemischen Faktoren, die sie ermöglichen, nicht nachhaltig korrigiert worden sein werden (Futur II).

Deshalb gibt es den Synodalen Weg. Könnte man unter diese Systemkrise einen Schlussstrich ziehen und sie für bewältigt und abgeschlossen erklären, bedürfte es dieses Wegs nicht. Er ist herausfordernd genug. Denn er ist, da die Bearbeitung konkreter Fälle ausgelagert ist, der Versuch, im Rahmen der überkommenen Bedingungen des Systems die Krise des Systems zu überwinden und gemeinsam mit den Mächtigen und Verantwortlichen des Systems die Machtkonfigurationen dieses Systems neu zu bestimmen. Inwieweit das gelingen kann, ohne dass am Ende wieder Systemerhalt dominiert, muss sich erweisen – und wird v.a. für die Bischöfe zum Prüfstein der Ernsthaftigkeit dieses Prozesses werden. Für die beteiligten Gläubigen und die Expert*innen, die beim Synodalen Weg nicht nur ihre Zeit und Kompetenz, sondern, je länger, je mehr, auch ihr kirchliches Grundvertrauen einsetzen, wird es ein existenziell riskantes Unternehmen. Ihre Erwartungen sind berechtigterweise hoch. Was wird sein, wenn sie enttäuscht werden?

Wie wird es gewesen sein – dieses ambitionierte Projekt einer gemeinsamen kirchlichen Reaktion auf eine prekäre kirchliche Vergangenheit und fragile Gegenwart? Wird es die letzte Chance gewesen sein – und wenn ja, für wen eigentlich? Es könnte (und das wäre nur zu begrüßen), die letzte, vergebliche Chance einer Kirche gewesen sein, die auf Autorität statt auf Authentizität setzt, auf Verfestigung statt auf Dynamik, auf Restauration statt auf Umkehr. Denn dann wäre der Synodale Weg (und es spricht einiges dafür) zugleich die erste wirkliche Chance, ja, der Glücksfall (Chance bedeutet schließlich Glück!) einer ernsthaften Umstellung, ehrlichen Selbstkritik und wirksamen Erneuerung einer Kirche, die Klerikalismus jedweder Art einen Riegel vorschiebt und sich bis in ihre Leitungsebene hinein auf paritätische Beteiligung und vielfältige Kompetenzen und Charismen der Frauen und Männer, Kinder und Jugendlichen stützt, die die Kirche bilden. Es könnte auch (das wäre tragisch, aber nicht unrealistisch) die letzte Chance sein, die diejenigen Katholik*innen, die diese Kirche noch nicht verlassen haben, ihr geben. Die letzte Chance einer Institution, deren Verantwortliche sich am Leben von Schutzbefohlenen versündigt, ihre Würde gebrochen, das Vertrauen der Gläubigen missbraucht und ihnen ihre kirchliche Heimat genommen haben, alles daran zu setzen, wieder satisfaktionsfähig zu werden.

Dazu bedürfte es freilich nicht nur einer glaubhaften Selbstkritik und Verantwortungsübernahme der Bischöfe, die ein prekär gewordenes System repräsentieren und dessen Versagen in der jüngeren Vergangenheit in diversen Leitungsfunktionen mitzuverantworten haben. Es bedürfte auch eines überzeugenden Paradigmenwechsels, der sich im Diskurs über Macht, im Ausüben von Macht, in der Kontrolle und Begrenzung von Macht und last, not least, in der Zugänglichkeit von Machtpositionen bewährt. Der Synodale Weg könnte eine der letzten Chancen sein, dass sich Gläubige und Expert*innen in so großer Zahl, wie es immer noch geschieht, mit den Bischöfen solidarisieren, um Kirche von innen heraus zu erneuern. Dass sie sich noch engagieren, ihre Zeit und Kompetenz einsetzen, Konflikte und Anfechtungen aushalten und Hoffnung und Erwartung auf Erneuerung hegen, ist ein echter Glücksfall für diese Kirche. Deshalb ist die Frage für alle Beteiligten existenziell: Wie wird es gewesen sein auf diesem Synodalen Weg?

Regionenkonferenz in Dortmund
© Synodaler Weg/Besim-Mazhiq

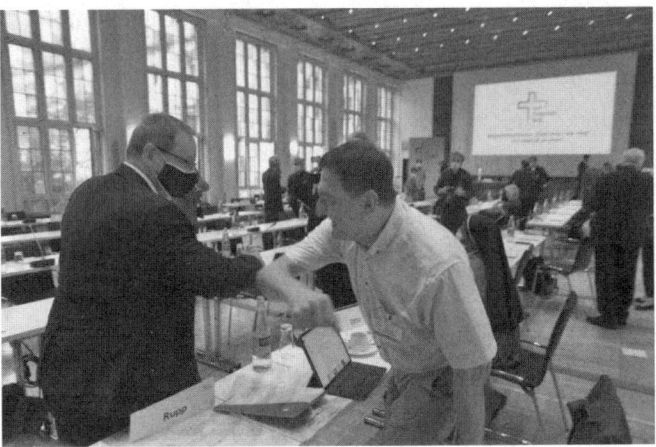

Regionenkonferenz in Berlin
© Synodaler Weg/Walter Wetzler

Der Synodale Weg:
Und er kann trotzdem gelingen

Prof. Dr. Sabine Demel, Regensburg, *1962,
kath. Theologin mit dem Spezialgebiet Kirchenrecht,
Beraterin im Forum Macht und Gewaltenteilung in der Kirche

Haben wir das vor 50 Jahren nicht schon einmal erlebt – im Vorfeld der Würzburger Synode?! Auch damals gab es gerade von kirchenrechtlicher Seite fast nur Warnungen und Hinweise, dass und warum die Würzburger Synode so nicht stattfinden könne: Das geht nicht! Laien können nicht das gleiche Stimmrecht haben wie Bischöfe! Rom wird die Regelungen niemals genehmigen! Sie sind kirchenrechtlich nicht möglich! Entscheidungen können nur Bischöfe treffen! Über die Wahrheit kann nicht nach Mehrheiten abgestimmt werden! Die vorgesehene Satzung ist ekklesiologisch nicht haltbar!

Und dann das: Rom hat doch genehmigt! Bischöfe und Laien haben doch auf Augenhöhe miteinander um die Wahrheit gerungen! Laien haben doch gleichberechtigt mit den Bischöfen abgestimmt! Und: Die Würzburger Synode ist zu einer einmaligen und einzigartigen Erfolgsgeschichte geworden! Mit Blick auf die derzeitige Diskussion über den Synodalen Weg soll hier eigens in Erinnerung gerufen sein: Hätte man sich damals nur auf die im geltenden kirchlichen Gesetzbuch vorgesehenen Möglichkeiten beschränkt, hätte die Würzburger Synode nicht stattfinden können.

Was können wir daraus für den Synodalen Weg heute lernen? Einiges: Kirchenrecht ist mehr als das kirchliche Gesetzbuch. Es ist die Interpretation des kirchlichen Gesetzbuches. Wie diese Interpretation ausfällt, hängt (mit)entscheidend von dem Kirchenbild des/der Interpret*innen ab? Gründet die Kirche als Volk Gottes in der Communio der

Gläubigen oder in der Hierarchie der Weiheamtsträger? Ist also die Communio die Grundlage für die Hierarchie oder umgekehrt die Hierarchie die Grundlage für die Communio? Denn davon abhängig ist die Frage: Wer dient wem? Die Hierarchie der Communio oder die Communio der Hierarchie?

Je nachdem, welches Kirchenbild maßgebend ist, wird die Interpretation der kirchlichen Gesetze unterschiedlich ausfallen. Im einen Fall wird alles stark gemacht, was im Sinne der Communio ist, im anderen Fall alles, was für die Hierarchie spricht. Im einen Fall muss alles getan werden, um Widersprüche zur Communio zu verhindern, im anderen Fall alles, um Widersprüche zur Hierarchie zu vermeiden. Deshalb kritisieren zum Beispiel die einen am Synodalen Weg, dass die beschlossenen Ergebnisse am Ende nicht verbindlich sind sondern nur Empfehlungscharakter haben, während die anderen das Leitungsamt der Bischöfe unterlaufen sehen, weil alle in der Synodalversammlung gleiches Stimmrecht haben. Deshalb weisen die einen darauf hin, dass der Glaubenssinn als die vom Heiligen Geist gewirkte Einsicht nicht mit öffentlicher Meinung oder gar Demokratie gleichgesetzt werden darf, dass der Glaubenssinn nicht einfach dort ist, wo die Mehrheit ist. Die anderen rufen dagegen in Erinnerung, dass aber auch umgekehrt gilt, dass der Glaubenssinn auch nicht einfach das ist, was die Minderheit vertritt, auch nicht das, was das Lehramt verkündet oder die Theologie erforscht.

Kirchenrecht wird oft gerne gerade dann ins Spiel gebracht, wenn man sich um eigentliche Themen drücken will. So sehr Strukturfragen nicht unterschätzt werden dürfen – gerade in einer Gemeinschaft, die sich als Sakrament versteht –, so sehr ist auch daran zu erinnern, dass sie sekundär sind. Ihre Aufgabe ist es, Inhalte zu transportieren und umzusetzen, und zwar so, dass sie möglichst authentisch und im Sinne der Gemeinschaft gerecht sind. Im bekannten Bildwort von der Flasche Wein ausgedrückt: Jeder Wein/Inhalt braucht die für ihn passende Flasche/Struktur. Der beste Wein geht kaputt, wenn er in einer unpassenden Flasche transportiert wird. Und einem schlechten Wein nützt die beste Flasche nichts, er bleibt ein schlechter Wein. Will heißen: Primär sind die Inhalte, die mit den Strukturen transportiert werden (sollen). Deshalb sollten kirchenrechtliche Fragen erst dann zum Tragen kommen, wenn bei einem Thema die Doppelfrage geklärt ist, welche Aspekte hier von unserem Ursprung her nicht aufgegeben werden dürfen und vor welchen Aspekten als Anfrage der Gegenwart und im Zukunftshorizont nicht ausgewichen werden darf.

Kirchenrecht muss gelebt werden! Kirchenrechtliche Erkenntnisse können noch so gut sein, wenn sie nicht ins Leben umgesetzt werden, nützen sie nichts. Das gilt auch umgekehrt: sie können noch so schlecht sein; wenn sie nicht ins Leben umgesetzt werden, schaden sie nicht. Aus der Perspektive des Kirchenbildes der Communio ist daher zu begrüßen, dass die Regelungen der Würzburger Synode bei der Satzung des Synodalen Weges Pate gestanden haben. Umso bedauerlicher ist es, dass sie in einem wesentlichen Punkt gerade nicht übernommen worden sind. Warum hat man nicht den Mut gehabt, den Verbindlichkeitscharakter für eine bestimmte Art von Beschlüssen festzulegen und ist stattdessen auf den Empfehlungscharakter aller Beschlüsse zurückgefallen? Natürlich hätte man dafür eine römische Genehmigung beantragen müssen; denn auch das geltende kirchliche Gesetzbuch kennt immer noch nicht eine solche Regelung. Die Genehmigung respektive Verweigerung wäre ein Lackmustest dafür gewesen, wie ernst die Synodalität als Prinzip und die Rede von der Bedeutsamkeit der Laien für die Kirche gemeint ist.

Jedenfalls ist die rechtliche Qualifizierung der Beschlüsse als Empfehlungen ohne eigene Rechtskraft ein gravierendes Strukturdefizit des Synodalen Weges. Das kann einerseits nicht weggeredet werden, sollte aber auch nicht alles andere ins Abseits stellen. Denn andererseits sollte es nicht unterschätzt werden, dass sich die Hauptakteure des Synodalen Weges um eine repräsentative Besetzung nach dem Prinzip der Delegation durch Wahl bemühen, dass von allen Seiten in großer Einmütigkeit betont wird, „in Augenhöhe" miteinander umgehen zu wollen, dass die bischöflich-laikale Doppelspitze ein Strukturprinzip des ganzen Synodalen Weges ist vom Präsidium über die Foren bis hin zu den Synodalversammlungen, dass die Sitzordnung in den Synodalversammlungen alphabetisch ist. Damit sind wichtige Grundlagen geschaffen, dass tatsächlich ein Kommunikationsprozess miteinander und wechselseitige Dialogbereitschaft aller Teilnehmenden des Synodalen Weges wachsen und so etwas wie eine „Vertrauensspirale" zwischen allen Akteur*innen entstehen kann, also ein positiv sich verstärkender Regelkreis aus Vertrauensvorschuss und Machtaskese. Aus der Psychologie wissen wir ja: Wenn ich mich auf den Anderen einlasse, ihn verstehen will in dem, worum es ihm geht – ohne deshalb damit einverstanden sein zu müssen, werde ich erfahren, dass dann auch der Andere sich auf mich einlässt, um mich zu verstehen, worum es mir geht, und dass in diesem Miteinander allmählich neue Erkenntnisse wachsen.

Mehr als nur ein Traum?

Wer weiß, vielleicht ist es mehr als nur mein Traum, dass am Ende des Synodalen Weges die Erkenntnis steht: Nicht das, *was* wir am Ende als Empfehlung beschlossen haben, ist das Entscheidende des Synodalen Weges gewesen, sondern *wie* wir zu den Beschlüssen gekommen sind, das *Wie* unserer gemeinsamen Wahrheitssuche und Entscheidungsprozesse sowie das *Wie* der Inhalte unserer gefassten Beschlüsse. Kurzum, am Ende des Synodalen Weges muss stehen: Das entscheidend Neue ist die Haltung von uns allen auf dem Synodalen Weg gewesen. Uns ist es gelungen, einander verstehen zu wollen, weil wir bereit waren, auch der anderen Seite zuzugestehen, dass sie wie wir selbst auf den Geist Gottes hört und sich für die Glaubwürdigkeit und Zukunft von uns als Kirche einsetzt. Laien wie Diakone, Priester und Bischöfe haben nicht nur das eigene Denken und Handeln für geistgewirkt gehalten, sondern auch das Denken und Handeln all derer, die im Miteinander um den richtigen Weg in die Zukunft ringen.

Und vielleicht passiert dann auch das am Ende des Synodalen Weges oder sogar schon mitten auf dem Weg: Nicht nur einzelne Bischöfe, sondern nahezu alle Bischöfe erklären, dass sie sich an die Beschlüsse des Synodalen Weges binden (werden), obwohl sie laut Satzung lediglich als Empfehlungen ohne eigene Rechtswirkung gelten. Denn sie haben dank des Wirkens des Heiligen Geistes während des Synodalen Weges die Erfahrung gemacht, dass sie getrost darauf vertrauen können, dass die Beschlüsse auf dem Synodalen Weg zum Wohle der Kirche sind und sein werden, statt befürchten zu müssen, die Beschlüsse könnten zum Schaden der Kirche sein. Umgekehrt haben die Laien, Diakone und Priester gelernt, auf die Dialogfähigkeit und -bereitschaft ihrer Bischöfe vertrauen zu können, statt darüber nachdenken zu müssen, was wäre, wenn ein oder mehrere Bischöfe morgen die Selbstbindung wieder zurücknähmen.

Kapitel 5

Forum II:

Priesterliche Existenz heute

Regionenkonferenz - Synodalversammlung, Beratungen 31.01.2020
©: Synodaler Weg/Nadine Malzkorn

Das Forum fragt nach einer zukunftsfähigen Form der priesterlichen Existenz.

Den systemischen Ursachen für das Leid, das Priester den Opfern des Missbrauchs angetan haben, ist auf die Spur zu kommen. Das Grundverständnis der Priesterlichen Existenz braucht eine neue „Form und Gestalt" (Genn, Buttgereit). Doch wie kann man heute Berufungen entdecken, wie muss die Ausbildung gestaltet sein? Und wer trifft eine Auswahl? Ausgehend vom gemeinsamen Priestertum der Getauften sollte jede und jeder ihre und seine priesterliche Existenz im „Angerührtsein der Seele" (Kleiner) erkennen können, aber Berufung sei keine Bewerbung, so ein anderer Beitrag, und es gäbe kein „Anrecht auf Berufung" (Hanke). Der Bogen der Beiträge reicht bis zu einer konkreten Erwartung einer Weihe für Frauen (Sr. Kluitmann) und den dadurch zu erwartenden positiven Auswirkungen auf die Sakramente. Änderungen an der Weihetheologie haben Auswirkungen auf die ganze Theologie der Kirche. Braucht es weiterhin explizit ein „Amt" (Karwath)?

Hoffnung muss sichtbar
und erfahrbar sein

Oder „Wir haben uns zusammengerauft,
wir haben uns zusammengefunden"

Bischof Felix Genn, *1950, Münster,
Bischof der Diözese Münster
Stephan Buttgereit, *1962, Düsseldorf,
Generalsekretär SKM Bundesverband,
Mitglieder der Synodalversammlung und Leiter des Forum II
im Gespräch mit Michaela Labudda

Michaela Labudda: Um welche Themen geht es in Ihrem Forum?

Bischof Genn: Es geht um die Fragen der „Priesterlichen Existenz heute" in einer Zeit großen Umbruchs der seelsorglichen Strukturen, aber auch der gesamten gesellschaftlichen Zusammenhänge, in denen Kirche eine Option unter vielen Optionen ist. Dabei spielt selbstverständlich auch das Faktum eine wichtige Rolle, dass durch Priester Missbrauch in der Kirche geschehen ist, so dass die priesterliche Existenz eine Form und Gestalt finden muss, die solchen Missbrauch möglichst auf einen Nullpunkt bringt, ja sogar ganz verschwinden lässt.

Labudda: Wie ist die Arbeitsweise?

Stephan Buttgereit: In einem ersten Schritt haben wir uns, ohne Denkverbote, mit den visionären Gedanken und Ideen zu den einzelnen Themen beschäftigt und haben in einem zweiten Schritt der Kritik und den Bedenken Raum gegeben. Somit ist die Vielfalt der Meinungen und Sichtweisen ins Wort gekommen. Nun gilt es aus dem Gesagten und

Festgehaltenen die jeweiligen Schlussfolgerungen zu ziehen und diese für die Synodalversammlung aufzuarbeiten.

Labudda: Gibt es auch Streit?

Buttgereit: Direkten Streit gab es (leider) noch nicht, denn Streit ist ja nichts Negatives, wenn die handelnden Personen damit erwachsen umgehen. Streit kann in diesem Zusammenhang zur konstruktiven Klärung beitragen, da alle offen mit ihrer Meinung in den Diskurs einsteigen. Somit gab es bislang nur Dissense zu den unterschiedlichsten Sichtweisen, Meinungen und Äußerungen. Aber auch das ist gut für den weiteren Weg. Alles, was wir jetzt nicht auf dem Weg miteinander erstreiten und klären, wird uns später wieder auf die Füße fallen. Hier gilt der immer wieder bestätigte Spruch der Sozialen Arbeit, der da lautet: „Das Gute an ungeklärten Problemen ist, dass sie wiederkommen!" Somit hoffen wir auf genügend guten klärenden Streit, der uns dem Ziel näherbringt. Auch die Bibel lehrt uns, dass Streit und das Ringen um die richtigen Wege und Lösungen die Christen von Anfang an begleitet. Somit sind wir in guter Gesellschaft mit den Aposteln und allen, die ihnen nachfolgten.

Bischof Genn: Wir sprechen miteinander im Plenum, arbeiten aber auch in kleineren Gruppen verschiedene Themen ab, die sich aus der oben angegebenen Fragestellung ergeben. Dabei sind Streit und Auseinandersetzungen nicht ausgeschlossen. Ich denke immer an das Wort aus der Apostelgeschichte in Kapitel 15,2: *„Nach großer Aufregung und heftigen Auseinandersetzungen ..."* Wenn das unter den Aposteln so war, weil es um wichtige Fragen ging, kann das von vornherein nicht ausgeschlossen werden. Im Augenblick allerdings erlebe ich die Auseinandersetzungen fair und wertschätzend.

Labudda: Welchen persönlichen Zugang haben sie zum Thema?

Bischof Genn: Ich habe natürlich deshalb einen besonders persönlichen Zugang zu diesem Thema, weil ich selber Priester und Bischof bin. Als Priester habe ich 21 Jahre in der Ausbildung zukünftiger Priester gearbeitet. Außerdem bin ich sowohl als Bischof von Essen als auch als Bischof von Münster mit dem furchtbaren Thema des sexuellen Missbrauchs konfrontiert worden und musste die angemessene Weise lernen, so damit umzugehen, dass ich nicht nur die eigene Erschütterung darüber bearbeitet habe, sondern vor allen Dingen immer wieder neu auf das Leid hinzuschauen lernte, das den betroffenen und verwundeten Personen angetan wurde. Selbstverständlich habe ich dann oft genug auch die tragische Lebensgeschichte derjenigen kennengelernt, die solcher Taten beschuldigt wurden und sie auch tatsächlich getan hatten.

Labudda: Welchen Titel würden Sie einem Film über das Forum geben?

Buttgereit: Das ist eine spannende Frage. Auf alle Fälle müsste der Titel humorvoll sein. Ich bin der festen Überzeugung, dass Gott Humor hat und gerne herzhaft lacht. Warum hätten wir Menschen sonst Humor, Wortwitz, Ironie und könnten über Dinge, Situationen und uns selber lachen? Dem Synodalen Weg wird von manchen zum Vorwurf gemacht, dass die Evangelisierung zu wenig im Vordergrund steht. Ich glaube das nicht. Schauen Sie sich die Christen an, die von der frohmachenden und befreienden Botschaft Jesu berührt sind. Diese Freude und Hoffnung muss sichtbar und erfahrbar sein. Es gibt leider viele, die sich Christen nennen und unerlöst wirken. Wenn wir Christen nichts zu lachen haben und Freude und Humor in die Welt tragen, wer sollte es denn dann tun. Wenn „die Freude am Herrn unsere Stärke ist" muss diese sichtbar und erlebbar werden, sonst können wir nicht evangelisieren. In unserem Forum sind einige, die mit den Worten „spielen" können und mit Wortwitz und Scharfsinn Dinge auf den Punkt bringen können und über sich selber lachen können. Das tut uns und dem Forum gut! Den Gedanken, welchen Titel der Film über unser Forum hätte, werde ich weiter bewegen und dabei schmunzeln ...

Labudda: Wie erklären Sie einem Kommunionkind das Thema des Forums?

Bischof Genn: Ich könnte einem Kommunionkind dieses Thema nur sehr schwer erklären, würde es aber auf folgende Weise probieren: In dieser Gruppe arbeiten wir miteinander über die Frage, wie Priester mit ihrem Beruf so zufrieden sind, dass auch die Menschen, für die sie da sind, zufrieden sein können.

Buttgereit: Als Familienvater mit erwachsenen Kindern glaube ich erst einmal, dass unser Forum ein Kommunionkind hoffentlich nicht interessiert. Wir versuchen in unserem Forum die von erwachsenen Menschen gemachten Probleme zu bewältigen. Dass unser Forum notwendig ist, zeigt ja auf, dass die Erwachsenen versagt haben.

Daher würde ich versuchen, einem Kommunionkind in kindgerechter Sprache zu erklären, dass es von Jesus zur Freiheit berufen und erkauft worden ist. Diese Freiheit, als das höchste Gut, was ein Mensch erhalten kann, darf und kann ihnen niemand wieder nehmen. Weder die Eltern, die Lehrer, noch der Pfarrer oder die Institution Kirche. Weiter würde ich ihm versuchen zu erklären, dass diese Freiheit

immer auch mit der Verantwortung einhergeht, in Verantwortung vor Gott und den Menschen, damit umzugehen. Um
das zu gewährleisten braucht es Wegbegleiter im Glauben,
die ihm niemals sagen was das Kind tun muss, sondern immer
helfen zu erkennen, was es in enger Beziehung zu Gott tun
und verantworten kann und mit Leben füllen möchte. Dabei
sollte er oder sie sich Menschen suchen, die es auch aushalten, wenn man Umwege und Sackgassen geht oder mit Gott,
der Kirche und der Welt hadert. Gute geistliche Begleiter
und Begleiterinnen haben diese Erfahrungen nämlich auch
schon gemacht und schätzen einen um seiner selbst willen.
Ich würde das Kommunionkind ermutigen, bei Problemen
nicht zu resignieren und darauf hinweisen, dass es keine
Schwäche ist, wenn man sich bei Problemen Hilfe holt. Hier
schließt sich der Kreis zu unserem Forum und dem Synodalen Weg. Denn auch die deutschen Bischöfe haben die Gläubigen in einer schwierigen Situation um Hilfe gebeten, und
deshalb sitzen wir im Forum und in der Synodalversammlung
zusammen.

Labudda: Welche Vision haben Sie für 2030?

Bischof Genn: Ich bin kein Visionär und kein Prophet. Aber ich
habe die tiefe Hoffnung und Zuversicht, dass der Heilige
Geist – wie damals in der Apostelgeschichte – uns führt und
hilft, in der Kirche eine Kultur der Auseinandersetzung und
des Miteinander-Gehens auch bei konfliktiven Themen zu
finden, so dass wir eine Kirche sind, die durchaus auch in diesem Punkt Zeugnis vom Evangelium gibt und der Gesellschaft zeigt, dass es bei Auseinandersetzungen nicht unbedingt mit Gewalt zugehen muss. Im Übrigen setze ich darauf,
dass der, der Seine Kirche bisher geführt hat, auch weiterhin
zu Seinem Wort steht, dass Er bei uns bleibt bis zum Ende der
Welt.

Labudda: Wie würden Sie den Satzanfang „ich würde die Arbeit des Forums als gelungen betrachten, wenn wir am Ende des Synodalen Weges ..." fortsetzen?

Bischof Genn: „... spüren dürfen: Wir haben uns zusammengerauft, wir haben uns zusammengefunden und legen der Kirche in Deutschland Vorschläge vor, wie der priesterliche Dienst in der Kirche mit den Menschen so gelebt werden kann, dass er die Priester zu einer erfüllenden und reifen Persönlichkeit heranwachsen lässt und die Gemeinden erfahren dürfen, dass sie miteinander auf dem Weg des Glaubens sind, so unterschiedlich auch die Dienste und Aufgaben der Einzelnen sein mögen."

„Ihr aber sollt mir als ein Königreich von Priestern und als ein heiliges Volk gehören" (Ex 19,6)

Franziska Kleiner, *1994,
Jugendbildungsreferentin, Potsdam.
Mitglied der Synodalversammlung und des Forums II.

Was bewegt einen Menschen in der heutigen Zeit, seiner Berufung zu folgen? Menschen nehmen ein Angerührtsein der Seele als Stimme Gottes in ihr persönliches Leben hinein wahr. Daraus können der Wunsch und die Gewissheit erwachsen, sich selbst mit der eigenen Existenz ganz in den Dienst Gottes für die Welt zu stellen. Jede Berufung, jedes Angerührtsein der Seele bedarf einer besonderen persönlichen Erforschung, Vertiefung und Prüfung der jeweiligen Person, die sich durch Gott berufen fühlt oder eine Berufung zugesprochen bekommt, um dieser gerecht zu werden, sie ausfüllen und leben zu können. Die persönliche Berufung des Einzelnen dient immer der ganzen Kirche und wird damit ein Baustein zum Aufbau des Reiches Gottes. Das Angerührtsein der Seele findet außerhalb des empirisch nachprüfbaren Bereichs statt, dadurch ist eine Beurteilung über das Vorhandensein der Berufung eines Menschen durch Gott nicht direkt möglich. Auf der anderen Seite ist die Gemeinschaft der Gläubigen in der Nachfolge Jesu bis heute damit beauftragt Berufungen in Dienst zu nehmen. Aus dieser Perspektive betrachtet scheint es unumgänglich, dass die Kirche prüft, welche Berufungen vorhanden sind und wie diese dem Reich Gottes dienlich werden können. Wenn die persönliche Bereitschaft, mit Gott an seiner Welt mitzuarbeiten, durch die kirchliche Gemeinschaft in Dienst genommen wird, sprechen wir von einer kirchlichen Berufung.

Wie gehen wir als Gemeinschaft der Gläubigen, als Kirche, mit der geprüften Berufung des Einzelnen um, von der wir ausgehen, dass sie von Gott selbst kommt, wenn über das Vorhandensein derselben geurteilt wird, beispielsweise im Zuge der Ausbildung zum Priester? Ist Berufung nicht zuerst ein Geschehen zwischen Gott und seinem erwählten Menschen? Wenn dem so ist, welchen Kriterien kann und darf die Prüfung durch die Kirche unterliegen? Diese Fragen sind mir vor allem im Hinblick auf die Qualitätssicherung und Professionalität der in der Pastoral hauptberuflich Tätigen ein wichtiges Anliegen, die jedoch zu keiner schnellen, einfachen Antwort führen können, sondern im Sinne einer sich stets prüfenden und reformierenden Kirche meines Erachtens immer wieder in den Blick genommen werden müssen.

Es scheint mir grundsätzlich, vor jeder äußeren Prüfung anderer, unumgänglich zu sein, die je eigene Berufung genau zu erforschen. Der Sinn dieser persönlichen Auseinandersetzung mit der eigenen Existenz kann es sein, etwas zu finden, in dem ich mich voll entfalten kann, meine Fähigkeiten optimal einsetzen und zum Wohl anderer einbringen kann. Das gilt natürlich nicht nur für kirchliche Berufe, sondern auch andere Lebenszusammenhänge. Beruf und Berufung hängen zusammen. Auch andere Professionen können Berufungen sein. Denn das Berufensein für eine Position oder in ein Amt oder einen Beruf ist nichts, was außerhalb der Kirche nicht auch von Wichtigkeit wäre. Allerdings ist die Basis des Urteils nicht nur Neigung oder Eignung, sondern tatsächlich ein Ruf Gottes und damit eine Zusage zum Gelingen dieses Lebensweges, auch wenn man selbst daran scheitern kann.

Diese Überlegungen gehören für mich auch zur Frage der Gestaltung des Amtspriestertums in der Kirche. Für den Dienst an der Gemeinschaft der Christinnen und Christen und allen Menschen werden Getaufte in der Nachfolge Jesu ausgewählt und mit der Weihe zum Diakon, Priester oder Bischof durch die Kirche lebenslang beauftragt.

Im Christentum werden Priester als Menschen beschrieben, deren persönliche Beziehung zum lebendigen, gegenwärtigen Gott von konkreten Erfahrungen und tiefem Gottvertrauen geprägt ist. Sie unterstützen und fördern andere Menschen dabei, die je eigene persönliche Gottesbeziehung zu finden, zu leben und zu vertiefen. Diese Hilfe dürfen wir als Gemeinschaft der Gläubigen in ganz unterschiedlichen Kontexten erfahren, in Pfarreien, Gemeinschaften, Familien, Freundeskreisen, Hauskreisen und jeglicher Form, wo zwei oder drei versammelt sind. Aber ebenso unterschiedlich wie die Kontexte sind, in denen wir diese Erfahrungen machen dürfen, so unterschiedlich sind auch die Menschen, die uns diese Erfahrung ermöglichen. Priesterliche Menschen begegnen mir in ganz unterschiedlichen Berufen, Lebenskontexten und mit unterschiedlichen Berufungen, Geschlechtern und spirituellen Zugängen.

Solche priesterlichen Menschen prägen das Bild von Kirche nachhaltig. Sie begleiten und unterstützen andere Menschen auf ihren Lebenswegen. Sie stärken die Menschen in ihrer Beziehung zu Gott. Ein priesterlicher Lebensstil entspricht in meinen Augen einer Haltung und einem Auftreten der gegenseitigen Wertschätzung vor der jeweiligen Berufung des Gegenübers. Er meint eine Offenheit für die gemeinsame Suche nach einem Leben mit Gott in unserer Welt, die durch priesterliche Menschen und ihre eigene Gottesbeziehung und -begegnung begleitet und unterstützt werden kann. Dabei ist man nicht priesterlich aus reinem Selbstzweck, sondern immer und vielmehr für andere, zum Dienst für die Gemeinschaft – als Berufene*r zum Wohl anderer, zum Wohl der Gemeinschaft aller Christinnen und Christen, der Kirche und letztendlich auch zum Wohl der gesamten Menschheit.

Durch die Taufe sind alle Gläubigen zum priesterlichen, königlichen und prophetischen Lebensstil berufen. Jeder Mensch darf diese Berufung für sich ausfüllen und leben. Wenn ich mir das bewusst mache, stelle ich mir die Frage: Wie wäre es, wenn sich alle Getauften auf dem Weg zum Amtspriestertum befinden würden oder es allen Getauften zumindest offen stünde, bis sie sich bewusst, aktiv gegen diesen Weg entscheiden? Was würde sich für unser Bild vom Priester ändern, wenn dies nicht der Ausnahmefall wäre, sondern dieser Weg des priesterlichen Volk Gottes erst einmal allen so offen stünde und sie im Lauf des Nachdenkens für sich entscheiden, dass dies nicht ihr Berufungsweg ist? Würde das nicht auch das gemeinsame Priestertum sehr viel ernster nehmen?

Ich glaube, es könnte sehr fruchtbar für das allgemein menschliche und kirchliche Miteinander sein, wenn jeder Mensch seine ganz eigenen von Gott geschenkten Gaben voll entfalten könnte. Die Wahrnehmung der eigenen je persönlichen Berufung durch Gott bedarf deshalb besonders der inneren Wachsamkeit, Erforschung, Vertiefung und Prüfung der Person, die sich berufen weiß.

Im Hinblick auf die Berufung zum Priester, die alle Gläubigen teilen, scheint es für mich eine besondere Herausforderung zu sein, sich neben der Annahme der Berufung auch für den priesterlichen Beruf in seiner heutigen Ausgestaltung zu entscheiden. Zunehmend ändern sich das Priesterbild, die Anforderungen und Erwartungen. Das Bild des Priesters, sowie die damit einhergehenden Aufgaben und Tätigkeitsfelder, sind ähnlich wie Gesellschaft und Kultur dem Wandel der Zeit, den Anforderungen der Gegenwart und Transformationsprozessen unterworfen. Die sinkenden Zahlen der Gläubigen in Deutschland und die gleichbleibend große Fläche sind eine Herausforderung, die neben den abnehmenden Weihezahlen von Priestern eine

Strukturveränderung fordern. Sie haben ohne Zweifel eine Konsequenz für das Berufsbild des Priesters. Die bekannte Frage, ob Priester heute Verwalter von pastoralen Großräumen sind oder ob sie eine konkrete Relevanz im Leben der Menschen haben – und wenn ja, welche und wie sie zukünftig geprägt sein wird – wird vor dem Hintergrund der benannten Veränderungen immer wieder diskutiert und ist demnach auch Bestandteil der Diskussionen in den Foren des Synodalen Weges.

Ebenso lässt sich auch die Frage nicht davon trennen, ob und in welchem Maß ein Priester Leitung innehaben soll. Der Leitungs- und Verkündigungsdienst in der kirchlichen Gemeinschaft ist gegenwärtig sehr eng an den klerikalen Stand geknüpft. Das war nicht immer so und ließe sich auch anders denken. Es braucht einen neuen Blick für das Zueinander von Klerus und Laien, welches nicht von Über- und Unterordnung, sondern von echter Geschwisterlichkeit geprägt ist. Fachliche Ausbildung und Qualifikation sollten dabei ebenso berücksichtigt werden, wie menschliche Reife und seelsorgliche Begabung, unabhängig vom biologischen Geschlecht.

Für mich stellt sich daher die Frage, ob die Debatten um die Zulassungen von Frauen zum Weihepriestertum nicht zu kurz greifen. Sollten wir in der Kirche nicht eine Debatte darum führen, wie priesterliche Menschen in unserer Gemeinschaft wirken können, wie sie ausgebildet werden und welche Aufgaben ihnen zukommen? Dann kann die Frage um das Priestertum der Frau oder die Diskussion um viri probati einen weiteren Horizont bekommen; eine Dimension, in der die Berufung jedes einzelnen Menschen in den Blick genommen und dann auch ermöglicht wird.

Wir beten in der Kirche sehr oft um (kirchliche) Berufungen, die eine konkrete Form haben: zur Gemeinde- und Pastoralreferentin, zum Diakon, zum Ordensmann und zur Ordensfrau, zur Religionslehrerin und zum Priester. Ich vertraue auf Gott und seine fürsorgende Gegenwart, dass wir nicht erst darum beten müssen. Dafür müssen wir lernen uns vom Heiligen Geist und seiner weisenden Wahrheit führen zu lassen. Dazu gehört es auch, auf die Stimme Gottes in unserem Leben und in unsere Zeit hinein zu hören. Es könnte daher sein, dass Gott den „Mangel an Priestern" längst durch priesterliche Menschen kompensiert. Diese zu stärken und wenn sie es möchten auch in den Dienst der Kirche zum Wohl der Menschheit zu stellen, wäre dann die Aufgabe der Kirche im 21. Jahrhundert.

Das Ärgernis des kirchlichen Amtes – Anlass zum Glauben

Dr. theol. Bettina-Sophia Karwath, *1966, Beilngries
Abteilungsleiterin für die Fort- und Weiterbildung des
pastoralen Personals der Diözese Eichstätt.
Beratendes Mitglied im Synodalforum II

Das Amt? Kein Thema

An den Beginn meiner Ausführungen stelle ich drei Überzeugungen, die für meine Ausführungen die Grundlage bilden:

1. Ich glaube an das Amt der katholischen Kirche.

2. Dieser Glaube wird nicht aus einem romantischen oder unüberlegten Traditionalismus genährt.

3. Das Amt in unserer Kirche ist schwer beschädigt nicht nur durch ein Unverständnis von außen, sondern durch eigenes Missverstehen und Versagen.

Aufgewachsen bin ich in einer gut katholischen Familie. Das Gemeindeleben zählte zu unserem Alltag, der sonntägliche Gottesdienst war selbstverständlich, ebenso wie die Mitarbeit in Gremien und das Mitwirken an Jubiläen oder anderen Feiern unserer Pfarrei. Ich hatte das Glück, einen sehr guten Heimatpfarrer zu erleben, der persönlichen Kontakt zu seinen Gemeindemitgliedern pflegte. Und ich hatte das Glück, einen sehr guten Jugendpfarrer zu erleben, der kirchliches Leben weniger mit Events verband, sondern mit der Einführung in den Glauben.

Diese positive Glaubensbasis trägt mich bis heute und ist immer wieder ein Grund für mich, unserer Kirche bei all ihren Un-Wegen nicht den Rücken zu kehren.

Allerdings ist das positive „Amtserlebnis" meiner Kindheit und Jugend nicht so unschuldig stehen geblieben.

Während meines Theologiestudiums wurde ich aufmerksam auf die Kluft zwischen Laientheologen/innen und Priesteramtsanwärtern. Da mein Bruder selber das Priesteramt anstrebte, befand ich mich sozusagen selbst in dieser Kluft. Ich lernte, dass es eine kirchliche Bevorzugung des Klerikerstandes gibt, zumindest was die Anstellung betraf. Und ich lernte, dass es ein Gegeneinander von Laien und Priestern gibt.

Gleichzeitig bemerkte ich, dass das kirchliche Verständnis des Amtes in der universitären Lehre keine Rolle spielte. Vielleicht lag es an meiner Auswahl der Seminare, aber ich habe in meinem gesamten Theologiestudium keine einzige Vorlesung und kein Seminar besucht, in dem ich etwas lernte über die *Theologie des Amtes*. Allenfalls waren es historische Erkenntnisse bez. der Entstehung der Ämterlehre im Neuen Testament oder kirchengeschichtliche Fakten, über die ich Auskunft erhielt. Die Bedeutung des Volkes Gottes für die Konstitution der Kirche auf dem Zweiten Vatikanum war wichtiger Lehrinhalt – aber ohne Bezug zum kirchlichen Amt.

So hat sich in mir der Eindruck festgesetzt, dass das „Problem" zwischen Klerikern und Laien kein theologisches, sondern ein politisches sei. Dieser Eindruck hat sich allerdings im Laufe der Zeit nur teilweise bestätigt.

Zu erwähnen ist, dass ich selber im Laufe der Zeit zunehmend unangenehme Erfahrungen mit Amtsvertretern machte. Mir fiel nun selber die Überheblichkeit und unbegründete Vorrangstellung vieler Priester auf, weil ich sie gleichsam am eigenen Leib erfuhr. Der Missbrauchsskandal war nur noch ein zusätzliches Pfund auf einem sowieso schon maroden amtlichen Kirchensystem. Und die Schwerfälligkeit vieler Amtsvertreter, ihre Schuld und ihr Versagen einzugestehen, gehört für mich zu meinen schwierigsten Kirchenerfahrungen.

Brauchen wir überhaupt noch Priester?

Der Missbrauchsskandal ist der Paukenschlag für den Niedergang des Amtes. Natürlich liegt hier eine einseitige Fokussierung vor, zumindest was die Quantität von Kindesmissbrauch in unserer Gesellschaft anbelangt. Zahlenmäßig kommt sexueller Missbrauch zu einem sehr hohen Prozentsatz in Familien vor, in Sportvereinen, in Schulen etc. Demgegenüber sind die Zahlen von Priestern oder Ordensleuten, die einen Missbrauch an Kindern begangen haben, gering. Und zu erwähnen ist auch, dass es viele Priester gibt, die ihr Amt redlich und authentisch leben. Aber um Zahlen geht es nicht. Es geht darum, dass es das Faktum des sexuellen und geistlichen Missbrauchs durch Priester überhaupt gibt! Priester, die den Mittler Jesus Christus repräsentieren, begehen Verbrechen, die Menschenleben zerstören. Diese Ungeheuerlichkeit legt eine Krise in unserer Kirche offen, die schon lange schwelt.

Wie sollen wir damit umgehen?

Im synodalen Forum wurden und werden dazu viele Vorschläge gemacht, angefangen von der Überarbeitung von Zulassungskriterien der Priesterausbildung bis hin zur Einführung von Kontorollmechanismen für priesterliches Leben. Doch das theologische Amtsverständnis wird auch unter den Mitgliedern des Forums nicht kommuniziert. Dabei wäre das aus meiner Sicht so wichtig! Es geht mir dabei nicht um theoretische Konstrukte, die das Amt auf einer gehobenen intellektuellen Ebene reflektieren. Es geht darum, dass wir uns als Kirche selbst Rechenschaft darüber geben, wie wir das kirchliche Amt eigentlich denken. In den Diskussionen im Forum habe ich bemerkt, dass die Begründung für das kirchliche Amt nicht selbstverständlich ist. Viele

Grundakte der Kirche werden selbst von engagierten Gläubigen nicht mehr verstanden oder akzeptiert. Das Glaubensbekenntnis könnte in vielen Sätzen wahrscheinlich gar nicht mehr so gesprochen werden, wie wir es mit den Lippen tun.

Wenn wir die Augen nicht verschließen, dann geht der Riss viel tiefer. Viele Gläubige kehren der Kirche den Rücken – auch jene, die gar nicht austreten. Der Gottesdienstbesuch hat sich (verschärft durch die aktuelle Corona-Situation) dermaßen reduziert, dass man vielerorts nicht mehr von Priestermangel sprechen kann. Zugleich organisieren sich Gemeinden vielfach selber. Dass auch durch die katholische Kirche seit über 20 Jahren eine freikirchliche Strömung zieht, weiß ich aus den Begegnungen innerhalb der Neueren Geistlichen Gemeinschaften. Ehrenamtliches Engagement ist vielerorts der einzige Motor für lebendiges gemeindliches Leben. Nur die Spendung der Sakramente ist dem Priester vorbehalten. In den meisten Gemeinden reduziert sich dieser priesterliche Dienst auf die Eucharistiefeier und die Initiationssakramente für Kinder. Dies alles führt im Letzten zu einer Frage, die eine Teilnehmerin auf dem Forum stellte: Brauchen wir überhaupt noch Priester?

Natürlich: diese Frage zu stellen ist ein Unding. Denn die Verneinung dieser Frage führt automatisch zur Auflösung der Kirche. Ohne Amt keine katholische Kirche. Die Bejahung dieser Frage allerdings erfordert eine begründete Antwort. Und die ist nicht allein durch den Verweis auf die praktische Sakramentenspendung gegeben.

Ich will im Folgenden meine persönliche Antwort geben. Wir brauchen den Priester für unseren Glauben. Jedoch nicht in der Weise, dass uns der Priester den Glauben erklärt oder uns auf irgendeine Weise dazu verhilft. Nein, genau umgekehrt. Gerade das eingestandene Scheitern und Versagen des Amtes macht für uns alle *den Glauben* daran notwendig.

Insofern ist die Glaubenskommunikation zwischen Vorsteher der Eucharistie und der Gemeinde selbst der einzige Weg, das Amt überhaupt zu verstehen. Zur Gemeinde gehören gerade nicht nur die Kirchgänger, sondern *die Vielen*, die sich diese Teilnahme nicht mehr antun.

Geistliches Paradox

Ich gehöre einer geistlichen Gemeinschaft an, der „Hauskirche fiat verbum". Unsere Gemeinschaft hat sich als Grundanliegen die Aufgabe gegeben, miteinander Gemeinschaft zu leben wie auch der trinitarische Gott in sich Gemeinschaft lebt. Die Communio der drei göttlichen Personen ist eine Communio größtmöglicher Gegensätze: Gott und Mensch! Dies ist uns Vorbild. Auch wir wollen in der Gegensätzlichkeit unserer Persönlichkeiten zueinander stehen und miteinander leben (vgl. Vita consecrata, Nr. 21 und 41).

Auch Priester zählen zu unserer Gemeinschaft. Seit der Gründung unserer Gemeinschaft im Jahr 2002 durch Bischof Paul-Werner Scheele/Würzburg ist es uns ein besonderes Anliegen, dem Amt Aufmerksamkeit und Glaube zu schenken.

Dabei ist mir vor Jahren ein Artikel von Klaus Hemmerle, dem 1994 verstorbenen Bischof von Aachen, sehr wichtig geworden.

Hemmerle beschreibt in „Wie Glauben im Leben geht. Schriften zur Spiritualität" (Herder Verlag 1995) ab der Seite 284 das Priesteramt als ein Ärgernis.

„Dass dieser Jesus uns in jedem Nächsten begegnet und dass wir durch sein Wort lebendigen Kontakt mit ihm haben können, dass er tiefer inwendig als unser Innerstes in uns leben will und auch dass er dort zugegen sein will, wo wir uns in seinem Namen versammeln, dies spricht die Menschen an, das erscheint wie die

unmittelbare Nähe seines Geheimnisses zu uns. Bereits ein gan-
zes Stück schwieriger wird es manchen, Jesus in der heiligsten Eu-
charistie anzunehmen. Das Ärgernis des Wortes Jesu bleibt: ‚...
mein Fleisch essen und mein Blut trinken' (vgl. Joh 6,53). Freilich,
wer mit diesem Jesus zu leben anfängt, der fängt auch an zu ver-
stehen, warum er sich bis zu Brot und Wein, bis zu Speise und
Trank entäußert, um sich ganz mitzuteilen und uns ganz zu
durchdringen.

Doch ein anderes Ärgernis ist noch größer als jenes von Brot
und Wein, in denen der Herr sich gibt: das Ärgernis des Menschen,
der beansprucht, im Namen des Herrn zu den anderen Menschen
zu kommen, ihnen verbindlich seine Wahrheit und seinen Willen
auszulegen, sein Heilshandeln in seinem Wirken gegenwärtig zu
setzen.“

Dieses prophetische Wort von Klaus Hemmerle hat in
unseren Tagen eine Brisanz gewonnen, wie wir sie uns nicht
hätten vorstellen können. Gott bindet sich im Amt an die
Freiheit eines Menschen. Und mit dieser Freiheit kann der
einzelne Amtsinhaber verantwortlich umgehen oder er kann
sie missbrauchen. Damit wird das Amt zum Prüfstein unseres Glaubens insgesamt. Hemmerle schreibt weiter in seinem schon genannten Buch auf Seite 286: *„Aber sein Geist*
löscht unsere Freiheit und ihre Wirkung nicht aus, sondern be-
dient sich ihrer, und so hängt es auch von unserer Antwort auf die
uns gegebene Gabe und Gnade des Geistes ab, in welchem Maße
das Sakrament, das er uns schenkt und das wir ‚sind', seine Wirk-
macht entfaltet. (...) Es bleibt freilich die Frage, weshalb sich Gott
gerade auf ein so gebrechliches und gefährdetes Zeichen wie die
menschliche Existenz eingelassen hat, um sein Mittlersein den
Menschen zu bekunden.“

Lese ich diese Zeilen richtig, dann ist es das Ärgernis, das
zum Glauben verhilft und zwar gerade dort, wo jegliche Begründung fehlt, die mir logisch und authentisch ein Priester-
leben als Glaubensvermittlung einsichtig macht. Erst die

unerträgliche Missachtung des eigentlichen Vollzugs des Amtes führt mich in einen Abgrund, aus dem nur Gott selbst erlösen kann. Selbstverständlich will ich damit die Misere des Amtes nicht gutheißen! Im Gegenteil. Man muss sie beim Namen nennen und die Täter müssen zu ihrer Schuld stehen. Aber damit ist ja nur ein Teil „erledigt". Was machen wir mit dem Amt dann weiterhin?

Wir müssen zu einem Amtsverständnis finden, das den Skandal, das Ärgernis und die Unzumutbarkeit mitein-schließt.

Ein überhöhtes Priesterverständnis ist nicht mehr möglich. Priester, die sich als besonders auserwählt erachten, sind nicht mehr tragbar.

Macht als Gewalt ist kein Instrument mehr.

Im Priesteramt bindet sich Gott an die Freiheit des Menschen

Wir müssen in diesem Zusammenhang über die Erlösung unserer *persönlichen FREIHEIT* sprechen, erst auf dieser Grundlage können wir vom Lehr- und Hirtenamt (der Kirche, des Bischofs und in seiner Vertretung des Priesters) als dem Charisma der Kirche verständlich reden.

Diese Verständigung über die allgemein menschliche, erlösungsbedürftige EGO-Manie, der manifest gewordenen Willkür staatstragender Politiker aller Regierungssysteme bis hinein in die globalisierte Wirtschaft und Finanzwelt könnte das Ohr unserer säkularisierten Welt öffnen für die unglaubliche Botschaft vom Tod und der Auferstehung Jesu von Nazareth.

Das kirchliche Amt basiert auf der Annahme von Grundwerten wie Würde aller Menschen, Liebe und Gerechtigkeit. Diese Grundwerte will die Kirche achten. Doch sie tut es in vielfacher Hinsicht nicht. Dazu zu stehen und sich zu bekehren, das wäre ein Modell auch für das Desaster unserer auf Gewinnmaxime orientierten Gesellschaft.

Nebenbei: Die theologische Rede vom *opus operantis* und dem *opus operatum* will gerade dies ausdrücken. Auch wenn der Priester selber korrupt und verkommen ist, es gibt etwas Gültiges, das bleibt. Und diese Gültigkeit ist selbst das Korrektiv für das Amt und die Kirche, die sich auf Abwegen befindet.

Was ich mir erhoffe

Ich komme auf den Anfang meiner Ausführungen zurück. Auch wenn ich selber an das Amt in der katholischen Kirche glaube, heißt das nicht, dass ich meine, alles kann so bleiben wie es ist. Gerade weil das Amt wesentlich ist für unser Kirche sein, wünsche ich mir massive Veränderungen:

Der Lebensstil von Priestern orientiert sich am gehobenen Mittelstand unserer Gesellschaft. Dies gilt übrigens auch für die meisten Laien im kirchlichen Hauptberuf. Der Zölibat als Verzicht auf die Ehe ist das einzige sichtbare Zeichen und bleibt deswegen als isoliertes Phänomen unverständlich. Priesterliches Leben muss sich vielmehr evangeliumsgemäß auch für die Gemeinde sichtbar und erfahrbar erweisen. Nicht das zölibatäre Leben als Argument für die Verfügbarkeit sollte im Vordergrund stehen, sondern das Argument der Unverfügbarkeit Gottes, für die der Priester einsteht. Aktuell führen über 40% unserer deutschen Bevölkerung Singlehaushalte, in Großstädten wie Berlin sind es sogar über 50%.

Wir wollen als Kirche *für* die Menschen da sein. Ich wünsche mir noch mehr ein Dasein *mit* den Menschen (vgl. Konzilstext „Gaudium et spes"). Dazu gehören auch die Sorgen um den eigenen Unterhalt, den Arbeitsplatz, die Zukunftssicherung. Das Modell der Arbeiterpriester hatte diese Perspektive anvisiert. Ich kenne Priester, die im Erstberuf Bankangestellte, Manager, Opernsänger, IT-Fachleute, Ärzte, Schreiner sind. In einem gesellschaftlichen Beruf und als Verkündiger des Glaubens *und* Vorsteher der Eucharistie zu arbeiten, ist auch ein Modell des Neuen Testamentes, ja sogar ein Modell des Lebens Jesu. Dann allerdings müsste sich die ganze Verwaltungsstruktur der Kirche in Deutschland ändern. Auch die kirchlichen Laienberufe könnten nicht mehr so ausgeübt werden. Ich wünsche mir eine Innovation, die gerade vom Priesteramt ausgeht: eine Kirche mit den Menschen!

Für unser Forum „Priesterliche Existenz heute" erhoffe ich mir kein neues Dokument, das wiederum in der Schublade landet. Ich hoffe, dass wir zu einem Grundkonsens finden für eine evangeliumsgemäße Erneuerung des Amtsverständnisses in der deutschen Kirche.

Wir brauchen ein Einverständnis darüber, dass priesterliche Existenz die Ganzhingabe Jesu, wie wir sie in der Eucharistie feiern, dem Volk Gottes bezeugt. Zu diesem Zeugnis zählt auch das persönliche Eingeständnis von Schuld und Versagen.

Und vor allem eines, angelehnt an das Wort „Gemeinsam Kirche sein", dem „Wort der deutschen Bischöfe zur Erneuerung der Pastoral" aus dem Jahr 2015: es geht um unseren Glauben an Jesus Christus, den Erlöser. Diesen Glauben können wir nicht machen, sondern nur empfangen als Gabe des Geistes!

Priesterliche Existenz
und die Souveränität Gottes

Bischof Gregor Maria Hanke OSB, *1954,
Bischof von Eichstätt, Mitglied der Synodalversammlung, Mitglied im Forum II

Parteien und Vereinigungen werben um Mitglieder. Mit-
gliederzahlen bedeuten Einfluss und Macht in Gesellschaft
wie Politik. Kein Wunder, dass Programminhalte so formuliert werden, dass sie ankommen und neue Mitglieder gene-
rieren.

Die Kirche ist davon nicht ausgenommen. Seit vielen Jahren werden enorme Anstrengungen unternommen, dem
drohenden Mitgliederschwund Einhalt zu gebieten.

Ein weiterer Versuch ist nun der Synodale Weg. Anlass
dafür war der Missbrauchsskandal und die Einsicht, dass „es
so nicht weiter gehen könne". Ziel ist es, neues Vertrauen sowohl bei Kirchenmitgliedern als auch Außenstehenden zu
gewinnen.

Auch Jesus sucht Menschen zu gewinnen, er will den
Menschen nahe sein in ihren Sorgen und Nöten. Doch Ankommen um jeden Preis, Suche nach Popularität ist nicht
sein Weg.

Bei der Sammlung des Jüngerkreises zeichnen ihn die
Evangelien als einen, der souverän entscheidet und handelt.
Es gibt Menschen um ihn, die ihm folgen möchten: *Meister,
lass mich dir folgen*, sagt ihm ein Schriftgelehrter. Doch
schickt er ihn weg mit den Worten: *Die Füchse haben ihre
Höhlen, die Vögel ihre Nester, der Menschensohn hat nichts, wohin er sein Haupt legen könnte* (vgl. Mt 8,19f).

Andere wählt er souverän aus, ohne mit ihnen zu diskutieren. Er ist es, der ruft und erwählt.

Über die Erwählung der Zwölf schreibt der Evangelist Markus: *Er stieg auf einen Berg und rief die zu sich, die er wollte* (Mk 3,13). Der Evangelist Lukas verweist gleichfalls auf Jesu Autorität bei der Berufung der zwölf Apostel: *Als es Tag geworden war, rief er seine Jünger. Und aus ihnen wählte er die zwölf, die er Apostel nannte* (Lk 6,13).

Bei der Aussendung der 72 Jünger in Zweiergruppen aus der größeren Schar seines Gefolges betont der Evangelist wiederum das freie Auswahlprinzip Jesu: *Danach suchte der Herr 72 andere Jünger aus und sandte sie voraus in die Städte und Dörfer, in die er selbst gehen wollte* (Lk 10,1). Dem griechischen Wort für „aussuchen" kommt an dieser Stelle die Bedeutung „ernennen, zu etwas machen" zu. Gemeint ist also: „Danach *ernannte* der Herr aus der Menge 72 andere Jünger ..."

Jesus sieht kein Bewerbungsverfahren für seine Gesandten vor. Ein persönliches Anrecht auf Berufung durch ihn gibt es auch nicht. Er und nur er trifft die Auswahl. Berufung und Sendung durch den Herrn bedeutet eine besondere Indienstnahme für das Reich Gottes, für das der Jünger einzustehen und dessen Kommen er zu dienen hat.

Er verbindet die Sendung mit Aufträgen, die das Kommen des Reiches bezeichnen: *Heilt die Kranken und sagt den Leuten: Das Reich Gottes ist euch nahe* (Lk 10,9). Beim Abendmahl vor seinem Tod legt er die Sorge um die Eucharistie, um die Feier des kommenden Reiches in die Hände der Zwölf. Nach seinem Sühnetod und der Auferstehung verleiht er den Jüngern die Vollmacht der Sündenvergebung: *Wem ihr die Sünden nachlasst, dem sind sie vergeben* (Joh 20,23).

Dieses kommende Reich Gottes gestaltet sich ganz und gar nicht nach der Logik des gesellschaftlichen Miteinanders.

Und gerade in dieser Hinsicht ist das Reich Gottes die Bezugsgröße für Kirche in unserer heutigen Zeit. Das Reich Gottes stellt eine Kategorie dar, die sich weder in gesellschaftlichen noch kirchlichen Normen fassen lässt. Vieles, was für uns Bedeutung hat und jetzt seinen Sinn haben mag, wird relativ im Blick auf das Reich Gottes, auf das Himmelreich, in dem eine ganz andere Ordnung herrscht: Die Letzten werden die Ersten sein. Ein Schatz im Himmel, also Reichtum im Himmelreich, entsteht, indem man jetzt bewusst den Armen gibt und arm wird. Bewohner des Reiches Gottes werden die verlorenen Söhne sein, die Armen, die zur Liebe bekehrten Sünder, die reumütigen Lumpen, sofern sie alle nur ihr Herz am rechten Fleck – bei Gott – hatten und haben und das Elend ihrer Seele nicht verdrängen und vertuschen. Denken wir etwa an den Obergeldeintreiber Zachäus, der zur Zeit Jesu zu den verachteten Kollaborateuren mit den Römern zählte, oder jenen Zöllner aus dem Gleichnis Jesu, der ganz hinten im Tempel betete: *Herr sei mir Sünder gnädig*, und sich dabei an die Brust schlug (vgl. Lk 18,9-14). Dann auch der reumütige Räuber, der mit Jesus gekreuzigt wurde und bittet: *Jesus, gedenke meiner, wenn du in dein Reich kommst* (Lk 23,42). Schwerlich werden die Besserwisser in das Reich Gottes eintreten, die glauben, Alleskönner zu sein, die sich perfekt wähnen, auch religiös perfekt, die verbürgerlicht und selbstzufrieden leben.

Mit dem Reich Gottes verhieß Jesus nicht eine neue, bessere Sozialordnung, sondern den Anbruch der Wirklichkeit des dreifaltigen Gottes mit den Wirkungen des Geistes der Liebe Gottes. In diesem Raum des Gottesreiches will Gottes Liebe einen jeden umarmen und uns zutiefst miteinander verbinden. Wir nehmen bereits jetzt Strahlen dieses Gottesreiches in uns auf, etwa in der Eucharistie, stellen aber das Reich nicht selbst her. Es kommt aus Gott in Jesus auf uns zu. Wir können diese Liebe annehmen und unser Ja dazu sagen. In Jesus von Nazareth und seinem Wirken ist dieses Reich endgültig angebrochen, daher die souveräne Auswahl der Boten des Reiches durch ihn.

Dieses Reich Gottes beginnt im Hier und Heute, nicht erst im Jenseits. Es ist bereits vorhandenes Samenkorn und erst noch wachsender Baum. Das Reich ist bereits präsent wie der Funkenstrahl, der aus dem Feuerstein geschlagen wird, und bestimmt ist, loderndes Feuer zu sein. Aufgabe der vom Herrn erwählten Boten ist es, dem Funkenschlag zu dienen.

In einer demokratisch geprägten Gesellschaft stößt dieses Top-down-Ausleseverfahren auf Unverständnis. Dort gilt: „Gleiches Recht für alle." Im Namen von Gleichheit und Gerechtigkeit müssen jedem und jeder alle Berufswege grundsätzlich offen stehen. Für unser gesellschaftliches und politisches Miteinander und für die freie Entfaltung der Menschen hat sich das Prinzip der Chancengleichheit bewährt. Der Dienst am Reich Gottes aber ist etwas anderes als Selbstentfaltung. Es geht um die Entfaltung Christi in mir und uns. Mein Mund soll Mund Christi werden und Christi Mund der meine. Dadurch werde ich zu dem, der ich in Gottes Augen sein soll. Dadurch komme ich wahrhaft zu mir selbst. Sein Reich wird dann durch mich sichtbar, es scheint durch mich hindurch.

So undemokratisch Jesus in unseren Augen vorgeht, so offenbart sich doch auch hierin die neue Logik des Gottesreiches. Der Herr erwählt souverän, aber niemand wird von Gottes erwählender Liebe ausgeschlossen. Gott will jeder und jedem reichlich zuteilen, doch wir erhalten die Gnadengaben in je eigener Gestalt. Die Souveränität des Herrn bei der Verteilung der Gaben fasst der Epheserbrief zusammen: *Und er gab den einen das Apostelamt, andere setzte er als Propheten ein, andere als Evangelisten, andere als Hirten und Lehrer* (Eph 4,11).

Im Vaterunser beten wir: „*Dein* Reich komme." Es ist nicht unser Reich. Der Herr ist und bleibt souverän. So erachtete die junge Kirche nach Jesu Himmelfahrt die Souveränität des

Herrn für die Bestellung der Gesandten als unverzichtbar. In der Nachwahl des Matthias in das Zwölfer-Kollegium scheint dies auf. Durch den Verrat und den Tod des Judas war eine Lücke entstanden. In der nachösterlichen Kirche bindet sich das Wirken des Geistes Jesu bei der Auswahl für die Sendung an die Gemeinschaft derer, in deren Mitte der Auferstandene fortlebt. Aber diese Gemeinschaft hat dem Willen des Herrn Raum zu schaffen. Das bekennt die Gemeinde im Gebet vor der Wahl des Matthias: *Herr, du kennst die Herzen aller, zeige, wen du von diesen beiden erwählt hast diesen Dienst und das Apostelamt zu übernehmen* (Apg 1,24f). Der Losentscheid, der auf die Prüfung der Kandidaten und auf das inständige Gebet folgte, ist kein Zufallsgenerator oder ein magisches Handeln, sondern Raum der Souveränität des Herrn inmitten der Gemeinde, zu berufen wen er will.

Wie aber lässt sich heute in Hinblick auf die Priesterberufungen erkennen, dass Gott es ist, der ruft und nicht die eigene Phantasie oder das Wunschdenken eines kirchlichen Verantwortungsträgers? In der Tat kann mit einer vorschnellen Berufung auf Gottes Willen übler Missbrauch getrieben werden. Es ist geistlich zerstörerisch, wenn das Ego eines Menschen in Gottes Namen zu handeln beansprucht und Gottes Handeln dabei verdeckt oder behindert. Die Nachwahl des Matthias bietet uns Hilfestellung bei dieser Frage.

Das Ineinander von Gemeinschaft und Amt: Die Apostelgeschichte schildert, dass rund hundertzwanzig Jünger versammelt waren. In dieser Gemeinschaft erhob sich Petrus und deutet das Ausscheiden des Judas aus dem Kreis der Zwölf als Auftrag zur Nachberufung. Nicht ein Nebeneinander, nicht ein Oben und ein Unten, sondern das Ineinander von Gemeinschaft und Amtsträger ist die Tür, damit Gottes

Handeln offenbar werden kann. Es geht um wahre Communio, nicht bloß um Gemeinschaft.

Die Gemeinde bedarf der amtlichen Deutung der Geschehnisse, aber der Amtsträger kann dies erst in Rückbindung an die Gemeinschaft tun. Alle müssen auf dem Fundament der Hörbereitschaft auf Gottes Willen stehen.

Die Person Christi als Schlüssel der Deutung der Geschehnisse. Das Amt ist beauftragt, Christus in die Mitte zu stellen. Es mehrt sozusagen die Gegenwart Christi. Christus wird zum Deutungsmuster des Lebens. Aus dieser Bewegung erkennt die Jerusalemer Gemeinde die Kriterien für die Nachwahl. Sie zentrieren sich um die Person Christi: Jünger, Apostel kann nur sein, wer zusätzlich zu allen seinen persönlichen Gaben in tiefer Gemeinschaft mit Christus lebt, wer das geistliche Zeug hat, ein Spiegel Christi zu werden.

Nun erst gehen sie gemeinsam an die Kandidatensuche und an die Prüfung der Kandidaten. Da fließt sicher menschliche Kompetenz und Beurteilung der Persönlichkeit mit ein. Aber das letzte Wort maßen sie sich nicht an. Ihr letztes Wort ist inständiges Gebet.

Der dem inständigen Gebet folgende Losentscheid steht für ihr **Loslassen. Sie nehmen sich zurück**, um der souveränen Berufung durch den Herrn Raum zu schaffen.

Das ist zugleich auch Programm nicht nur für die heutige priesterliche Existenz, sondern für kirchliches Leben allgemein. Leben in Communio, in der Gemeinschaft mit den Schwestern und Brüdern. Das Wirken des Geistes bedarf der Communio. Ohne die tiefe Communio um Christus legen wir uns selbst und die Kirche lahm. Daher muss sich der Priester täglich einüben in die Liebe zu den Schwestern und Brüdern und sie auf seinen Weg mitnehmen. Er hat zu sorgen für die Mehrung der Gegenwart Christi. Jetzt erst können Gaben und Kompetenzen des Priesters fruchtbar werden. In der gelebten Communio um Christus entgehen wir Priester der Gefahr, eine persönliche Show abzuziehen oder bei Sorgen im Dienst zu resignieren.

Und schließlich bedarf es des inständigen Gebetes. Solches Beten hält uns dafür offen, nicht selbst das letzte Wort in unserem Dienst zu beanspruchen, sondern es Ihm, dem Herrn in unserer Mitte zu überlassen. Er hat Worte des ewigen Lebens (vgl. Joh 6,68). Diesen Worten wollen wir zum Durchbruch verhelfen, denn er ist der Hirte, er ist der Souverän, wir sind seine Wegbereiter und Wegbereiterinnen.

Sich auf diesen Weg zu machen, bedeutet, dass es nicht darum geht, das Zepter zu ergreifen, sondern es aus der Hand zu geben.

Das Reich Gottes weist uns den Weg in dieser Welt. Wir sind da als kirchliche Gemeinschaft für das Leben der Welt auch ohne Ansehen und Anerkennung. Ob dies auch das Ansinnen und Ergebnis des Synodalen Weges sein wird, bleibt zurzeit noch gänzlich offen.

Meine priesterliche Existenz –
Unfertige Reflexionen einer Ordensfrau

Sr. Dr. Katharina Kluitmann OSF, *1964,
Theologin und Psychologin, Vorsitzende der
„Deutschen Ordensobernkonferenz",
Mitglied der Synodalversammlung, Mitglied im Forum II.

Herkunft

Meine priesterliche Existenz begann am 10. Januar 1965. Knapp zwei Wochen nach meiner Geburt wurde ich getauft. Ich erhielt wie alle Christenkinder die Salbung, die mir Anteil gibt am Priesteramt Christi. Aber das schien damals keine*n zu interessieren. Erst mal war großstädtischer Milieukatholizismus angesagt, der sich anfühlte, als sei Glauben normal wie Zähneputzen; das alles in der rheinisch-katholischen Brechung nach dem Motto: „Man muss es nicht übertreiben". Kindergarten, Grundschule, Sportverein, Freizeitgestaltung: katholisch. Priester waren zentrale Gestalten, aber wir redeten auch über ihre Grenzen, diskutierten kritisch die Predigt, ohne dass jemand theologisch gebildet gewesen wäre.

Zu wissen, wo man herkommt, ist wichtig. Es prägt, nicht nur mich, auch andere Gläubige, Priester, Bischöfe. Hat das Platz in unseren Gremien, Gemeinden, beim Synodalen Weg?

Reflexionen

Was ich gerade erzählte, bekam früh auch Brüche. Als meine Freundin sagte, sie gehe auch nach der Erstkommunion sonntags nicht zur Messe, war ich verwirrt. Glaube bekam mit Entscheidung zu tun. Auf dem Gymnasium war mein kirchliches Engagement, aus dem ich keinen Hehl machte, nicht einzigartig, aber doch selten und seltsam. Mit 16 zeigte mir eine Freundin auf einer Parkbank, wie man mit dem kleinen Stundenbuch umgeht. Beten wie die Priester, verbunden in dieser großen Kirche, stark! Mit anderen Jugendlichen diskutierten wir, wie man seine Berufung findet. Den Priestern der Gemeinde haben wir das nie verraten. Zu Recht, denn als fast alle von uns geistliche Berufe ergriffen, missfiel das unserem Pfarrer sehr, so überraschend das klingt. Mein Interesse an Liturgie und Pastoral führte zum Theologiestudium: reflektieren und verstehen.

Reflektieren können, kritisches Denken und Zweifel eingeschlossen, sprach- und diskussionsfähig sein, von anderen lernen, ohne das Eigene aufgeben zu müssen. Wird das wertgeschätzt und eingefordert in unserer Kirche?

Engagement

Ich wurde nach dem Studium Ordensfrau, dann Pastoralreferentin, beriet Menschen, die geistliche Berufe ergreifen wollten. Manche wurden Priester. Ich selbst studierte noch Psychologie, begleitete u.a. Priester, gab Exerzitien für Seminaristen, geriet in kirchliche Gremien, auch der Bischofskonferenz, wurde Vorsitzende der Ordensobernkonferenz. Ich genieße es, mitgestalten zu können, von Engagierten zu lernen, Meines einzubringen. Erneuerung der Kirche ist ein Anliegen, das mein geistliches Leben prägt; stellvertretendes Gebet, wie wir es im Orden leben, ist eine priesterliche Aufgabe.

Elan für die Sache Jesu, Engagement in der Kirche auf geistlichem Fundament – wollen wir starke Frauen und Männer, solche, die Selbststand haben, oder suchen wir eher die angepassten?

Grenzen

Ich liebe die Beichte, unser zärtlichstes Sakrament wie ich finde, empfange es regelmäßig und verdanke ihm viel. Schon als Jugendliche schien es das Höchste, später Beichte hören zu können. Anfangs war es wie ein Naturgesetz, dass das nicht ging. Im Theologiestudium wurde es drängender: „Würdest du Priesterin?" Erst habe ich gesagt, ich könne mir nicht vorstellen, dass Gott mich zu etwas rufe, was nicht gehe; aber wenn ich noch nicht 50 sei, wenn es käme, würde ich drüber nachdenken. Heute bin ich 55 ... Die Welt hat sich verändert, die Kirche auch, die aber viel weniger. Ich verstehe nicht mehr, wo das Problem ist, wenn das priesterliche Amt sich (wieder einmal!) änderte. Noch immer wäre die Beauftragung zur Beichte passend für mich. Dass die Grenzen noch früher anfangen, bei der Predigt z. B. (etwas, was ich immer gern tue), will mir erst recht nicht einleuchten. Kurzum: Ich habe mir geschworen, dass ich mir einst zur ersten Weihe einer Frau, sogar wenn es mit Rollator sein müsste, noch eine Mitfahrgelegenheit suche. Ich werde viele Taschentücher brauchen an diesem Tag.

Wie ist das mit Gaben und Charismen? Wen schließen wir aus, wen ein? Was tun wir Menschen an, die nicht leben können, was in ihnen angelegt ist?

Knackpunkte

Doch sollte ich den letzten Absatz nicht streichen? Es geht doch nicht darum, was ich gern täte. Ja und nein. Worum denn? Alles Recht der Kirche soll dem Heil der Menschen dienen, sagt der letzte Kanon des Kirchenrechts. Dazu nun ein paar Anläufe, in Vorläufigkeit, aber gesättigt von den Erfahrungen, die ich in den Synodalen Weg einbringe.

Es gibt Menschen, die sich wünschen, bei einer Frau beichten zu können, nicht selten Missbrauchs-Betroffene, aber auch andere. Darf man das vorenthalten? In unserer psychologischen Beratung war die Wahlmöglichkeit wichtig. Kürzlich diskutierte ich die Frage mit einem Priester, der mich erst dann verstand, als ich ihn aufforderte, sich vorzustellen, er hätte alle Beichten seines Lebens bei einer Frau ablegen müssen. Er wurde bleich.

Würden wir das klären, kämen wir auch mit der Krankensalbung weiter. Als Krankenhausseelsorgerin war ich entsetzt, als ein Priester einem Schwerkranken, den ich Wochen begleitet hatte, missmutig und unsensibel die Krankensalbung spendete. Der Bischof weiht die Öle – warum können wir nicht, wie bei der Spendung der Kommunion, Seelsorger*innen am Krankenbett dieses Sakrament anvertrauen? Wir täten vielen Kranken – und wohl auch diesem langsam verschwindenden Sakrament – einen Dienst.

Wie vielen täte es gut, in Predigten einen weiteren Lebenshintergrund zu spüren als nur den von zölibatären Männern. Ja, es gibt ständige Diakone, auch Männer, aber manchmal verheiratet – und das hört man den Predigten an, genauso wie berufliche Hintergründe bei nebenamtlichen Diakonen. Wie schön. Aber für Diakone gilt das Gleiche, was immer wieder als Argument gegen die Laienpredigt in der Messe vorgebracht wird: Ihre Predigt zerstört die Einheit von Brot- und Wort-Tisch genauso wie „Laien" es täten. Diakone sind zudem theologisch oft weniger gebildet als manch ein*e Lai*in im kirchenrechtlichen Sinn, Theologieprofessorinnen beispielsweise. Ja, bitte, lasst nicht jede*n predigen – aber da ist mehr möglich!

Nächstes Argument gegen mich: Es geht nicht nur um Befähigung, sondern um Vollmacht, amtliche Beauftragung. Keine Frage! Aber man könnte amtlich beauftragen: mehr Menschen, auch Frauen und Verheiratete, durch Weihe, durch Sendung, zu einem bestimmten Dienst, zu mehreren oder allen. Papst Franziskus wendet sich immer wieder gegen das Argument, dass Dinge nicht gehen, „weil es immer so war". Das stimmt bei der Ämterfrage ja auch nicht: Dienste und Ämter haben sich im Laufe der Geschichte immer wieder verändert, je nachdem, was die Menschen brauchten. Und um die Menschen geht es, die konkreten, real existierenden! Ich bin konservativ genug, die amtliche Sakramentalität zu schätzen, weil sie mich als Gläubige schützt. Wie? Im Studium lehrte unser Kirchenhistoriker zur Ämterfrage in der frühen Kirche, dass das Amt nötig wurde, wo das Charisma schwächelte. Er erläuterte: Wenn er zu einem guten Beichtvater gehe, sei das mit dem Amt nicht so wichtig. Aber wenn er an einen weniger guten geriete, dann sei es ihm wichtig zu wissen, dass das sakramental gültig und wirksam sei, auch wenn es innerlich nicht überzeuge. Mir leuchtet das ein. Ich muss die Sakramentalität in einer bewegenden Messe gar nicht „bemühen". Aber ich brauche die Sicherheit des Amtes, wenn nichts rüberkommt – was am Zelebranten, an der lustlosen Gemeinde oder an eigener Zerstreutheit liegen kann. Da bin ich froh, so katholisch zu sein, mich auf diese Sakramentalität verlassen zu können. Vermitteln wir diese Dimension genug?

Das führt zu einem Punkt eher psychologischer Natur. Es gibt diese Momente, wo im sakramentalen Vollzug der Glaube ersetzt, was die emotionale Erfahrung nicht hergibt. Es gibt aber auch das Gegenteil: die Erfahrung, die ohne das Sakramentale geschieht. Schätzen wir diese Erfahrungen genug oder reden wir sie klein, weil sie „nicht sakramental" sind? Wenn Gotteserfahrung geschieht, wo Menschen allein oder miteinander beten oder Bibel lesen? Wenn in einer Aussprache Schuld und Versagen ihren Platz finden und Vergebung sich Bahn bricht, Heilung geschieht? Wenn Gotteserfahrung geschieht, wo Menschen sich lieben, innig, so dass Ekstase den Blick auf Gott freigibt? Wenn Menschen Gott erfahren in der ökumenischen Begegnung? Soll ich als „nichts" abqualifizieren, wenn meine evangelische Mitschwester das Abendmahl feiert? Ich kann das nicht. Es scheint mir unmenschlich und macht mein Gottesbild klein, eng, bürokratisch und verkopft.

Führt über solche Erfahrungen ein Weg zu einem neuen Verständnis des gemeinsamen Priestertums? In der Hierarchie und bei den Gläubigen? Offenbar bringen gerade selbst beste Papiere keine echten Veränderungen. Oder ist das Ganze eben doch eine Machtfrage? Regiert da die Angst, die Gläubigen könnten am Priester vorbei den Weg zu Gott finden?

Und schließlich: Wenn es um reale Menschen geht, dann sind die nicht nur heute anders als vor 2000 oder 200 Jahren, sondern in manchen Punkten vielleicht auch in Asien anders als in Afrika als bei uns. Können wir als Kirche lernen, dem Heil der Menschen zu dienen, der realen Menschen, so wie sie sind – und daher Vielfalt zulassen? Wo der Geist des Herrn wirkt, da ist Freiheit. Ich weigere mich, die Hoffnung aufzugeben.

Kapitel 6

Forum III:

Frauen in Diensten und Ämtern in der Kirche

Lichterandacht mit Gebet vor dem St. Bartholomäus-Dom, zu der der kfd-Bundesverband aufgerufen hatte (30.01.2020)
© Synodaler Weg/Malzkorn

Drei Untergruppen arbeiten im Forum. Eine Textvorlage der ersten wurde in den Regionenkonferenzen bereits diskutiert. Darin geht um unter heute geltenden Bedingungen mögliche Partizipation von Frauen an Leitungsdiensten. In den beiden anderen Gruppen sind die Themen „Weihe von Frauen" und das Verhältnis von Frau und Mann in Theologie und Kirche.

Die Ungeduld der Frauen ist spürbar. Die Erwartung von mehr Gleichberechtigung als „verbrieftes Recht in Anerkennung ihrer gleichen Würde" (Sr. Rath) wird deutlich ausgesprochen und eingefordert.

Dass die Begründungslast bei den Frauen liege, sei ein „Skandal" (Nagel), das Drängen der Frauen reiche bis in die „Zeit vor dem II. Vatikanum" zurück (Wuckelt).

Die Idee einer diskriminierungsfreien Kirche „als glaubwürdige Stimme der Gerechtigkeit" (Färber, Weber) rundet das Kapitel zu einer Vision junger Menschen ab.

Schon viel zu lange warten wir Frauen darauf!

Sr. Philippa Rath OSB, *1955, Benediktinerin der Abtei
St. Hildegard in Rüdesheim-Eibingen, Theologin,
Historikerin und Politikwissenschaftlerin, ist Vorstand der
Klosterstiftung Sankt Hildegard, Mitglied der
Synodalversammlung und im Forum III

Ich stehe hier vor Ihnen als Ordensfrau, deren Berufung derzeit auf eine harte Probe gestellt wird. Ich liebe unsere Kirche, aber ich leide an ihr. Nicht selten schäme ich mich auch für sie. Wohl nie in meinem klösterlichen Leben habe ich so viel für unsere Kirche gebetet wie in den letzten zehn Jahren. Ich fühle mich den Betroffenen von Missbrauch und Gewalt zutiefst verbunden. Ich leide mit den vielen verwundeten Menschen, die in unsere Klöster kommen, die unsere Kirche enttäuscht verlassen haben oder im Begriff sind dies zu tun. Keine Randexistenzen, nein: Gläubige Menschen, engagierte Christinnen und Christen. Menschen, die voll Sehnsucht nach Gott und nach glaubwürdigen Zeugen der frohen Botschaft suchen. Ich stehe hier vor allem für viele Frauen, auch Ordensfrauen, die sich mehr Mitbeteiligung und Mitverantwortung in unserer Kirche wünschen – nicht als Lückenbüßer, nicht als Almosen, sondern als verbrieftes Recht in Anerkennung ihrer gleichen Würde. Schon viel zu lange warten wir Frauen darauf. Dass Frauen in Leitungspositionen – auch in geistlichen Leitungsämtern – ganz selbstverständliche Normalität sein können, beweisen die Ordensgemeinschaften seit 1500 Jahren. Es lohnt sich, auf diese Tradition wieder neu zu schauen und sie weiter zu entwickeln.

Ich möchte mir an dieser Stelle ein Wort aus dem Römerbrief zu Eigen machen: Wider alle Hoffnung hat er voll

Hoffnung geglaubt, heißt es da. Ja, ich glaube wider alle Hoffnung voll Hoffnung, dass Umdenken und Erneuerung möglich sind, dass es sich lohnt, neu zu denken und Kirche anders zu leben, Dienste und Ämter neu zu sehen und anzuerkennen, wieviel an Seelsorge, an Diakonie, an gelebter Liebe und echter Nachfolge schon heute von unendlich vielen Frauen getan wird. Wer sind wir, frage ich mich, dass wir Gott vorschreiben wollten, wen er zu welchen Ämtern und Diensten in seiner Kirche beruft und welches Geschlecht diese Berufenen haben müssen?

Das erste Wort der Benediktsregel, nach der ich lebe, heißt „Höre". „Höre mein Sohn, meine Tochter, auf die Lehren des Meisters ... und erfülle sie durch die Tat." Ich habe mich zu dieser Synodalen Versammlung auf den Weg gemacht, um zu hören: auf Gottes Geist und auf Ihre Worte und Argumente. Und ich hoffe wider alle Hoffnung, dass wir alle bereit sind, respektvoll aufeinander zu hören – ohne Tabuisierung, ohne Denkverbote, ohne Vorverurteilungen, ohne Selbstgerechtigkeit und vor allem ohne einander die Rechtgläubigkeit und die Liebe zur Kirche abzusprechen. Gottes Geist weht, wo er will, vielleicht gerade dort, wo wir ihn am wenigsten erwarten.

Ich bin überzeugt: Heute – hier und jetzt – ist der Kairos, den es zu ergreifen gilt. Haben wir keine Angst. Seien wir uns unserer Verantwortung bewusst. Viele Menschen schauen voll Erwartung und Hoffnung auf uns – in und außerhalb der Kirche, in unserem Land und in der Welt. Vor allem aber schaut Gott auf uns. Er sieht in unser Herz; er sieht, ob unser Wille zu Umkehr und Reue echt ist; er sieht, ob wir bereit sind, ernst zu machen mit der Liebe und mit der Geschwisterlichkeit. Enttäuschen wir ihn nicht, liebe Schwestern und Brüder!

(Beitrag zur Eröffnung des Synodalen Weges
am 30. Januar 2020, Bartholomäus-Dom zu Frankfurt)

Wir waren mutig, ausdauernd und klug

Regina Nagel, *1961, Widdern, Gemeindereferentin
und Wirtschaftspsychologin, Chefredakteurin
der Bundesverbandszeitschrift „das magazin",
Mitglied der Synodalversammlung und im Forum III

„Glückwunsch, Sie haben das Magnificat-Gen!" Diese Antwort bekam ich, als ich erzählte, dass mir im beruflichen Zusammenhang gesagt wurde: „Sie haben keinen Sinn für Hierarchie!" Das Kompliment passt zu dem, worum es mir beim Synodalen Weg geht. Delegiert durch den *Bundesverband der Gemeindereferent/-innen Deutschlands e.V.*, vertrete ich Katholik_innen, die radikale Veränderungen in der katholischen Kirche für notwendig halten und für die u.a. die Gleichberechtigung der Frau in unserer Kirche keine Maximalforderung ist.

Anfang 2020 hörte ich einen Vortrag von Prof. Magnus Striet, Fundamentaltheologe aus Freiburg i.Br., zum Thema „Macht und Ohnmacht in der Kirche" (https://youtu.be/8axzFIZoEHQ, lt. Aufruf 28.10.20). Darin sagte er: „Alle Ordnung verdankt sich diskursiven Prozessen ... Hat man das erst einmal eingesehen, dass es immer menschlich gemachte Ordnungssysteme waren und sind, dann entfällt die Möglichkeit, noch irgendetwas damit zu legitimieren, es sei durch Gott selbst so gestiftet worden ... Wenn weder sich irgendein Mensch sicher sein kann, den Willen Gottes zu kennen, wenn nicht einmal gewiss ist, dass Gott überhaupt existiert, und jeder Begriff von Gott ein von Menschen gemachter Begriff von Gott ist, dann schafft dieses den notwendigen Freiraum ... Menschen, die einmal diese Freiheit erlernt haben ... werden sich nicht mehr autoritär vermachten lassen."

So inspiriert bin ich in den Synodalen Weg eingestiegen. Nun, ein Dreivierteljahr später frage mich: „Angenommen, ich wäre im Jahr 2023 angelangt und würde zufrieden zurückblicken auf die Arbeit und die Ergebnisse des Forums ‚Frauen in Diensten und Ämtern‘. Wie würde ich die Zufriedenheit begründen?" Ich würde sagen: „Wir waren mutig, ausdauernd und klug. Wir haben Konflikte nicht gescheut. Klerikale Machtanmaßung hat uns nicht erschüttert. Minderheitenmeinungen haben uns nicht ausgebremst. Es war faszinierend, mit starken, klugen und vom Geist des Evangeliums bewegten Frauen und Männern zusammenzuarbeiten. Bibeltheologisch haben wir auf der Linie von historisch-kritischer und feministischer Exegese gearbeitet. Für uns war klar, dass zeitgemäße Entwicklung des Kirche-Seins auf der Grundlage des Evangeliums wichtiger ist als ängstliches Festhalten an überholten Traditionen. Es wurden Beschlüsse gefasst, die alles ausschöpfen, was das Kirchenrecht im Hinblick auf Gleichberechtigung ermöglicht. In einigen Punkten sind wir dabei über die Grenzen hinausgegangen. In der Seelsorge und in Leitungsfunktionen sind Kompetenzen nun bedeutsamer als ein Weiheamt. Mit großer Mehrheit und bei erforderlicher Zweidrittelmehrheit der Bischöfe und der Frauen, hat der Synodale Weg ein Schreiben nach Rom beschlossen, welches die Gleichberechtigung der Frauen in der katholischen Kirche, auch im Hinblick auf alle Weiheämter, einfordert. In diesem Schreiben wird klar benannt, dass das hierarchisch-klerikale Konstrukt unserer Kirche auf den Prüfstand gestellt werden muss."

Aktuell, im September 2020, spielt im Frauenforum ein Konflikt eine Rolle, der weit über Deutschland hinaus und bis nach Rom bekannt ist. Bischof Rudolf Voderholzer hat sich mit Kritik an einem Vorgang nicht, wie es üblich wäre, an das Forum gewandt, sondern an einen großen Kreis, unter anderem an die Deutsche Bischofskonferenz. Wenige Stunden später wusste die Presse Bescheid. Ein Kritikpunkt war inhaltlicher Art. Im Text einer der Arbeitsgruppen des Forums, an dem ich mitgearbeitet habe, und der dann in den fünf Konferenzen im September 2020 beraten wurde, stand der Satz: „In Gleichnissen und Predigten wendet sich Jesus an Frauen wie an Männer, bricht mit patriarchalen gesellschaftlichen und religiösen Regeln, hat Jüngerinnen und Jünger, weiht niemanden." Bischof Voderholzer bezeichnete diesen Satz als niedrigstes theologisches Niveau und ergänzte später gegenüber dem Forum wie auch öffentlich, dass dieser Satz den Nerv treffe. Er richte sich gegen die sakramentale Struktur der Kirche. Nun ist dieser eine Satz natürlich keine fundierte bibeltheologische Abhandlung. Dass er veröffentlicht wurde, finde ich allerdings nach wie vor gut. Ja, Jesus weihte nicht, er firmte nicht, er hat keine Abhandlungen geschrieben, welche Varianten von Beziehung und Sexualität er genehmigt. Er hat nirgendwo gesagt, dass die Aufgabe der Frau die ‚zärtliche Dienstbereitschaft' sei (Papst Franziskus) oder dass zölibatäre Männer ihn als Christus repräsentieren sollen. Wer heute aus seiner Botschaft leben will, der darf alles hinterfragen und er muss fragen: dienen die Lehren, Organisationsformen und Rituale noch dazu, Menschen Hoffnung zu vermitteln und christliche Gemeinschaft zu stiften? Wenige Delegierte, darunter auch Bischöfe, sehen sich selbst als die Verteidiger der wahren Lehre. Dagegen stehen viele unermüdliche Noch-Katholik_inn_en, die sich nicht mehr „autoritär vermachten lassen" (Striet). Eine Herausforderung des massiven, klerikalen Machtauftritts einer gut untereinander und mit Rom vernetzten Minderheit sehe ich darin, dass wir Reformorientierten uns nicht in eine Fraktionsbildung hineintreiben lassen dürfen, die unsere vielfältigen Erfahrungs- und Wissenshorizonte um der Geschlossenheit willen einschränkt. Zu beachten ist auch, dass es bei den traditionalistischen Parolen nicht nur um eine restaurative

Minderheitsmeinung im Sinne von „zurück ins 19. Jahrhundert" geht. Gefährlich ist, dass dadurch Menschen aufgrund eines angeblichen göttlichen Willens Vorschriften unterworfen werden, die dem Evangelium entgegenstehen. Dies ermöglicht spirituellen Missbrauch und löst Angst aus. Wir müssen dem entgegentreten! Die Beendigung von Missbrauch und Missbrauchsvertuschung betrifft nicht nur den Bereich der sexuellen Gewalt, sondern Machtmissbrauch insgesamt.

Oben habe ich auf meine Frage nach dem Ziel eine gerade noch realistische Antwort gegeben. Nun möchte ich einen Schritt weitergehen. Ich finde es grotesk, dass wir uns zwei Jahre lang mit einer Frage beschäftigen, die an sich ganz einfach zu beantworten wäre: Menschen sind unabhängig von ihrem Geschlecht gleichberechtigt. Punkt. Dass wir in diesem Forum begründen müssen, weshalb Frauen dasselbe erlaubt sein sollte wie Männern, das ist ein Skandal! An sich bin ich wie die Theologin Anne Soupa, die sich gezielt als Laiin für das Amt der Bischöfin von Lyon bewirbt, der Meinung, dass die gesamte Ämterstruktur hinterfragt werden muss. Da dies aber nicht von heute auf morgen geschehen wird, ist es notwendig, dass Frauen zu allen existierenden Ämtern zugelassen werden. Nur so können sie mitbestimmen, wie die Veränderung aussehen soll.

Die entscheidende Frage für die Zukunft der Kirche lautet: Was ist wirklich wichtig und was muss sich ändern, damit Kirche zu einer Gemeinschaft wird, die das Evangelium lebt?

Die Pandemie, die seit Monaten unser Leben bestimmt, ist für viele Menschen eine große Herausforderung und Belastung. Vieles Gewohnte ist nicht mehr selbstverständlich. Existenzielle Fragen stehen im Vordergrund. Bei mir war ein Ereignis im Jahr 2013 ausschlaggebend für ein Umdenken. Gelistet für eine Herztransplantation, wäre ich damals ohne meinen Defibrillator gestorben. Ich hatte plötzlich das Gefühl, dass ich zerfließe, und ich dachte, etwas überrascht und doch ruhig und angstfrei: „Ach so, ich sterbe jetzt." Ein Arzt hat meine Wahrnehmung, dass ich ohne Defi gestorben wäre, bestätigt. Ich war glücklich. Glücklich, weil ich noch lebte, aber auch glücklich über den Sterbemoment. Nichts hatte mich bedrückt, alles war gut. Ich lebte von da an bewusst in der ersten Zugabe und war selbst überrascht über meine Gelassenheit in der Wartezeit mit offenem Ausgang. In der zweiten Zugabe lebe ich seit meiner Transplantation im April 2019. In den Wochen danach waren drei weitere schwierige Eingriffe unter Vollnarkose nötig. Einige hatten Angst um mein Leben, doch ich habe es geschafft. Nun lebe ich dankbar jeden Tag und wundere mich bisweilen, worüber Menschen sich aufregen, was sie/wir einander antun und wie mühsam es ist, not-wendende, machbare Veränderungen in Gesellschaft, Kirche und Welt zu realisieren.

„Neue Wege entstehen, indem wir sie gehen" (Antonio Machado)

Professorin Dr. Agnes Wuckelt, *1949,
bis 2015 Professorin für Praktische Theologie
an der Katholischen Hochschule NRW,
stellvertretende Bundesvorsitzende Katholische
Frauengemeinschaft Deutschlands (kfd),
Mitglied der Synodalversammlung, Mitglied im Forum III,

Vor meinen Augen steht das Bild eines Trampelpfads, quer durch ein Rasenbeet entstanden. Einzelne Personen haben begonnen, über den Rasen zu laufen, statt den Weg um das Beet herum zu nehmen. Weitere folgten ihnen, und jetzt zeigen sich die Spuren, die sie hinterlassen haben, als Pfad: festgetretene Erde, auf der zwar kein Gras mehr wächst, aber gerade deshalb zeigt sich ein deutlich erkennbarer Weg der dazu einlädt, ihn zu benutzen. Und dies, obwohl die Eigentümergemeinschaft des Beetes dies zu verhindern sucht: „Rasen betreten verboten".

Ein Bild für den Synodalen Weg? Sicherlich, ein Vergleich hinkt immer. Aber das Bild offenbart dennoch einige Aspekte, die diesen Weg kennzeichnen.

Einige und immer mehr stellen fest, dass sie – vielleicht sogar schon seit langem – den bisher vorgegebenen Weg nicht mehr gehen (wollen). Es ist der „Es-war-schon-immer-so-Weg" – einerseits gewohnt und vertraut, andererseits mit immer der gleichen Perspektive, ohne neue Eindrücke, neue Impulse: Es bleibt so, wie es ist. Und genau das wird als Problem erkannt. Fragen an die – bleiben wir im Bild – Eigentümer des Rasenbeetes, die dieses sorgsam behüten und nicht betreten wissen wollen, werden laut: Warum nicht den gewohnten Weg verlassen? Warum soll der bisherige Weg der richtige oder gar der einzige sein, der zu gehen ist? Warum wird angenommen, dass der neue Weg die Beschädigung oder gar die völlige Zerstörung des Rasens zur Folge hat?

Der neue Weg eröffnet neue Perspektiven, schafft neue Erkenntnisse, weckt neue Fragen. Er lässt deutlich werden, dass der Rasen bei Nahem betrachtet gar nicht so einheitlich grün aussieht, wie er vom Weg darum herum erscheint. An einigen Stellen weist er bereits Schäden auf, durch Trockenheit oder falsches Düngen entstanden; an anderen zeigen sich wilde Kräuter mit bunten Blüten – von Vögeln zufällig ausgesät; an wieder anderen finden sich Maulwurfshügel und Löcher, die auf den Bau von Feldmäusen hinweisen. Wo muss ausgebessert, repariert, neu ausgesät werden? Dürfen die Maulwürfe und Feldmäuse bleiben oder sollen sie vertrieben, gar ausgerottet werden? Ist das Ziel ein englischer Rasen oder eine farbenfrohe Wiese, die vielfältige Nahrung für Insekten bietet?

Den Synodalen Weg gehen

„Neue Wege entstehen, indem wir sie gehen", ein häufig als Lebensweisheit verwendeter Ausspruch, steht für Aufbruch und für Ermutigung. Nur dann, wenn wir aufbrechen, uns auf den Weg machen, wird sich etwas verändern. Fehlendes Vertrauen in die Kirche, Finanz-Skandale, sexueller und geistlicher Missbrauch veranlassen Menschen zu gehen. Frauenverbände und -gruppen gehen auf die Straße und bringen ihre Kritik wie ihre Forderungen nach Veränderung zum Ausdruck. Viele Kirchenmitglieder wenden sich ganz von der Kirche ab. Ihr wird nicht mehr besonders viel zugetraut; nach dem Gemeinwohlatlas.de 2019 liegt die katholische Kirche auf Platz 102 (von 220) – womit ihr keine guten Noten für ihre Aufgabenerfüllung im Kerngeschäft, ihren

Beitrag zum Zusammenhalt, zur Lebensqualität und zur Moral (anständiges Verhalten) gegeben werden.

Mit dem Synodalen Weg macht sich die katholische Kirche in Deutschland angesichts dieser umfassenden Krise auf einen „Weg der Umkehr und Erneuerung" – wie es in der Präambel der 2019 von den Vollversammlungen der Deutschen Bischofskonferenz (DBK) und des Zentralkomitees der deutschen Katholiken (ZdK) angenommenen Satzung heißt. Er wird gemeinsam von DBK und ZdK verantwortet und soll partnerschaftlich gestaltet werden.

Gerade Letzteres ist ein herausfordernder Lernprozess. Wie können zwei unterschiedlich mit Macht und Recht ausgestattete Gremien, mit unterschiedlichen Kommunikationsstrukturen und Entscheidungsbefugnissen diesen bewältigen? Alle sind sich darüber im Klaren, dass sie „von Blockierungen des Denkens" frei werden und bereit sein müssen zur „freien und offenen Debatte und der Fähigkeit, neue Positionen zu beziehen und neue Wege zu gehen", so Kardinal Reinhard Marx in der Abschlusspressekonferenz der Frühjahrsvollversammlung der DBK in Lingen 2019.

Dennoch: Den altbekannten und vertrauten Weg zu verlassen, ist so leicht nicht.

Wieder ein Bild zur Veranschaulichung: September 2020, Herbstvollversammlung der DBK in Fulda. Die Katholische Frauengemeinschaft Deutschlands (kfd) trifft sich mit dem Vorsitzenden der DBK Bischof Dr. Georg Bätzing zu einem Gespräch, um ihrer Forderung nach einer geschlechtergerechten Kirche erneut Ausdruck zu verleihen. Ihm wird das „MachtMeter" der kfd übergeben, ein purpurfarbener Zollstock, der den Abstand zwischen Amtskirche und den Frauen sinnbildlich verdeutlichen soll: Die Machtverhältnisse in der katholischen Kirche müssen neu vermessen werden. Eine „echte Chance" dafür sieht Bischof Bätzing im Synodalen Weg. Weitere Bischöfe gesellen sich zu den Frauen, es entspinnen sich lockere wie auch intensive Gespräche.

Es gibt jedoch etliche andere Würdenträger, deren Weg vom Versammlungsort ebenfalls an der Frauengruppe vorbeiführt – die aber einen weiten Bogen um sie machen, sich an der Mauer des Doms vorbeidrücken und nicht einmal den Guten-Abend-Gruß erwidern. Abwehr, Unvermögen, fehlende Wertschätzung, Angst, Unwille ... vieles mag diese Kirchenmänner zu solchem Verhalten motivieren.

Der weite Weg der Frauen

Dass es neben den ursprünglich von der DBK initiierten drei Foren – „Macht, Partizipation, Gewaltenteilung", „Sexualmoral" und „Priesterliche Lebensform" – auch das Forum „Frauen in Diensten und Ämtern der Kirche" gibt, ist einem Beschluss der Vollversammlung des ZdK im Mai 2019 zu verdanken. Dieser ist die Konsequenz der Kernforderungen des ZdK, die im November 2018 als Reaktion auf die Missbrauchsstudie unter dem Titel „Entschlossenes gemeinsames Handeln, jetzt!" verabschiedet wurden und die „Grundlage einer Beteiligung des ZdK am Synodalen Weg" darstellen. Dort finden sich u.a. die Forderung nach Transparenz und eine gleichberechtigte Teilhabe von Laien und Geweihten Lai*innen an der Kirchenleitung und dem Zugang von Frauen zu allen kirchlichen Ämtern.

Schon lange sind Frauen in der katholischen Kirche zum Ziel einer geschlechtergerechten Kirche unterwegs. Die Forderung nach dem Zugang von Frauen zur Männern vorbehaltenen „heiligen Weihe" (Can. 1024 CIC) findet sich bereits in Eingaben von Frauen und Frauengruppen zur Vorbereitung auf das Zweite Vatikanische Konzil. Die Frage einer Teilhabe von Frauen am amtlichen Verkündigungsdienst wird unabhängig von der aktuellen Krise der katholischen Kirche seit vielen Jahrzehnten gestellt und in der wissenschaftlichen Forschung theologisch reflektiert. Im Kontext des Synodalen Weges geht es nun auch darum, Zusammenhänge zwischen der fehlenden amtlichen Verantwortung von Frauen und dem Phänomen des sexuellen Missbrauchs von Kindern und Jugendlichen sowie der geistlichen Gewalt gegen Frauen in Verbindung mit Sexualdelikten zu beleuchten. Es bleibt – ungeduldig angesichts der Länge des schon zurückgelegten Weges – zu hoffen, dass die Arbeit des Synodalforums „Frauen in Diensten und Ämtern in der Kirche" endlich zum Erfolg führen wird.

Und nochmals an den Beginn dieser Überlegungen angeknüpft: Das Schild „Rasen betreten verboten" ist längst verwittert.

Stell dir vor, es gäbe eine Kirche ...

Lukas Färber, *1998, Student der Sozialen Arbeit,
KJG im Diözesanverband Münster, KLJB Rahrbachtal u.
Finja Miriam Weber, *2000, Paderborn und Dortmund,
Studentin der Katholischen Theologie
und Geographie auf Lehramt, DPSG,
Urlauberseelsorge in St. Willehad auf Wangerooge,
Mitglieder der Synodalversammlung, Mitglieder des Forums IV

Stell dir vor, es gäbe eine Kirche, die jeden Menschen so annähme und aufnähme, wie er ist. Diese Kirche würde keinen Menschen anders behandeln nur aufgrund seiner Ausbildung, seines Geschlechts oder seiner sexuellen Orientierung. In dieser Kirche würden nicht die Schwächen der Gläubigen als Sünden in den Mittelpunkt gestellt, sondern die Stärken dieser betont. Hier würde jede*r die Unterstützung erfahren, die er*sie benötigt – ganz ohne Angst haben zu müssen, vorverurteilt zu werden. Diese Kirche würde noch einen Schritt weiter gehen. Sie würde jede*n Einzelne*n mit allen Stärken, aber auch mit allen Schwächen nicht nur annehmen, sondern wertschätzen und als wertvolle Bereicherung sehen.

Stell dir vor, es gäbe eine Kirche, die moderne wissenschaftliche Erkenntnisse und gesellschaftliche Entwicklungen als Bereicherung sähe. Die sich nicht aus Angst und Starrsinn davor verschlösse, sondern ihren Glauben an diesen neuen Perspektiven wachsen ließe! Diese Kirche würde anerkennen, dass es mehr als zwei Geschlechter gibt und aufhören, allen, die sich nicht als Mann oder Frau definieren können, ihre Identität abzusprechen. Sie könnte verstehen, dass Liebe einfach nur Liebe ist, gleichgültig ob sie in hetero- oder homosexuellen Beziehungen gelebt wird. Vor allem würde sie aufhören, Frauen allein aufgrund ihres Geschlechts abzuwerten und in die zweite Reihe zu stellen, ohne jede sinnvolle Begründung. Diese Kirche könnte endlich die Diskriminierung überwinden, die unsere Kirche heute immer noch prägt.

Stell dir vor, es gäbe eine Kirche, die sich der Gerechtigkeit aufrichtig verschrieben hätte. In dieser Kirche wäre die Diskriminierung zum Beispiel von Frauen und LGBTIQ*-Personen Schnee von gestern. Diese Kirche würde die Chance ergreifen und dem Beispiel Jesu folgen, sich für die Unterdrückten und für die an den Rand gedrängten einzusetzen. Und das nicht nur vor Ort sondern weltweit. Diese Kirche wäre eine glaubwürdige Stimme der Gerechtigkeit in einer ungerechten Welt.

Stell dir vor, es gäbe eine Kirche, die die Sprache der Menschen spräche. Die sich nicht in lateinischen Phrasen, wissenschaftlichen Ausführungen und salbungsvollem Gerede verlöre, sondern mit ihrer Sprache alle Menschen erreichen würde. Egal ob Kinder, Jugendliche oder Erwachsene, ob Theolog*innen oder Handwerker*innen – jede*r fühlte sich in dieser Kirche angesprochen. In dieser Kirche könnte man wirklich auf Augenhöhe sprechen, ohne einige von vornherein auszuschließen. Jede*r hätte die Möglichkeit den eigenen Glauben, die eigenen Erfahrungen und Ideen mit einzubringen. Diese Kirche könnte eine Kirche für alle sein.

Stell dir vor, es gäbe eine Kirche, die wirklich für die Menschen da wäre. Diese Kirche würde sich nicht hinter hohen Mauern verstecken. Sie würde sich nicht länger selbst im Weg stehen und ihre eigenen Lehren zwischen sich und die Botschaft schieben. Diese Kirche würde aus den leeren Kirchengebäuden raus auf die Straßen gehen, zu den Menschen, die sie brauchen und suchen, zu denen die an den Rand gedrängt werden, die einsam und die verzweifelt sind. Im Zentrum stünde nicht die Reproduzierung von obsoleten Traditionen, sondern die wahre Seelsorge bei, für und mit den Menschen.

Stell dir vor, es gäbe eine Kirche, die Macht grundsätzlich kritisch gegenüberstünde und sie deswegen verteilen würde. Diese Kirche würde sich demokratisch organisieren und die Mündigkeit ihrer Mitglieder anerkennen und wertschätzen. Entscheidungsträger*innen würden dann nicht mehr von oben nach Geschlecht und Weihe ausgewählt, sondern von unten, nach Fähigkeiten, Begabungen, Vertrauen. Leitung fände in Teams statt, die geschlechtergerecht gestaltet sind. Und vor allem wäre die Macht begrenzt. Zum einen zeitlich, zum anderen durch die Rechenschaftspflicht gegenüber den Gläubigen. Willkür hätte hier keinen Platz, Machtmissbrauch hätte echte Konsequenzen.

Stell dir vor, es gäbe eine Kirche, die Kritik als Zeichen der Liebe und des Interesses begreifen würde. Offen und ehrlich könnten Missstände angesprochen werden. Gemeinsam könnten Lösungen gefunden werden. Kritik würde nicht als Angriff gesehen, sondern als Ausdruck der tiefen Verbundenheit, der Liebe zur Kirche. Diese Kirche nähme die Anliegen der Menschen ernst. Sie wäre fähig, sich kritisch selbst zu reflektieren, statt alle Kritik nur abzuwiegeln. Die kritische Auseinandersetzung der Gläubigen würde gefördert und damit auch die Chance, sich immer wieder neu zu entdecken und weiterzuentwickeln. Diese Kirche schritte voran, statt stehen zu bleiben.

Stell dir vor, es gäbe eine Kirche, die flexibel und gestaltbar wäre. Diese Kirche wäre ein Freiraum, der durch all ihre Mitglieder gefüllt werden könnte. Kreativität stünde hier an erster Stelle. Diese Kirche würde sich nicht in immer gleichen Mustern verstecken, sondern wäre bereit, Neues auszuprobieren, im festen Glauben daran, dass jede*r Getaufte auch Priester*in ist. Diese Kirche wäre vielfältig und könnte dementsprechend auch vielen Menschen ein Zuhause sein, die sich plötzlich angesprochen fühlten.

Stell dir vor, es gäbe diese Kirche. Diese Kirche scheint kaum mit dem vereinbar zu sein, was wir heute erleben. Sie scheint wie eine weit entfernte Utopie, eine unerreichbare Zukunftsvision. Kaum denkbar, dass aus unserer trägen, verstaubten und schrumpfenden Kirche, etwas so Lebendiges, Glaubwürdiges, Offenes werden könnte. Sind die Fronten nicht schon viel zu verhärtet? Würden wir nicht den Kern unseres Glaubens verraten? Wäre das nicht jenseits von allem Realistischen?

Stell dir vor: es gibt diese Kirche! Mitten in unserer katholischen Kirche wird sie schon heute gelebt. Man muss nur auf die Jugendverbände schauen. Dort ist unsere Kirche lebendig wie an wenigen anderen Orten, sie ist vielfältig und ideenreich. Jede*r kann mitgestalten, sich einbringen, Verantwortung übernehmen. Priester*innen haben Zeit, sich um die wirkliche Seelsorge zu kümmern und geben Aufgaben ab. Jugendverbände sind Heimat für viele, die in der Kirche keine Heimat mehr finden.

Die Jugendverbände zeigen: Katholisch sein? Das geht auch anders. Das geht auch modern, weltoffen, begeisternd und das, ohne die Grundwerte unserer Botschaft zu verraten. Im Gegenteil, sie werden sogar noch gestärkt und glaubwürdiger. Sie könnten ein positives Beispiel sein, ein Leitbild. Sie machen eine Frage drängender denn je: Es geht. Warum fangen wir nicht endlich an?

Kapitel 7

Forum IV:

Leben in gelingenden Beziehungen –
Liebe leben in Sexualität und
Partnerschaft

„Regionenkonferenz in Berlin"
© Synodaler Weg/Walter Wetzler

Dass im Bereich der Sexualmoral auch über konkrete Missbräuche hinaus viele Verletzungen verursacht wurden, ist unbestritten. Die Themen im Forum sind kontrovers. Sollte es da nicht ein „Schuldbekenntnis" (Schuck) geben? Jungen Menschen ist die kirchliche Lehre kaum zu vermitteln, das gilt für den Unterricht in der Schule und auch in Gesprächen mit angehenden Ehepaaren. Ihnen seien die vermittelten „hohen Ideale" (Müller) nicht nachvollziehbar. Dennoch haben junge Menschen einen Zugang zu den dahinter liegenden Werten, einer „Beziehungsethik auf der Grundlage des Evangeliums" (Norpoth, Podschun). Bei diesem Thema, das „einen so tiefen und verletzlichen Lebensbereich berührt" (Kreidler-Kos), treten die Diskrepanz zwischen gelebter Lebenswirklichkeit unterschiedlicher Beziehungen und einem zu überarbeitenden Anspruch der kirchlichen Moralverkündigung offen zu Tage. Von der Kirche nicht anerkannte „vielfältige liebende Beziehungen" wie zum Beispiel auch homosexuelle Partnerschaften (Klose) stehen ohne Anschluss an die gesellschaftliche Wirklichkeit und an wissenschaftliche Erkenntnisse. Anerkennend und wertschätzend miteinander umzugehen muss klarer werden, denn der „Kern der Frohen Botschaft ist die Liebe" (Gärtner).

Spannung zwischen Tradition und Fortschritt

Dr. Michael Müller, *1973, Bad Soden-Salmünster
Sprecher des Priesterrates im Bistum Fulda –
Mitglied der Synodalversammlung

Wir stehen als Kirche in Zeiten des Umbruchs. Der italienische Schriftsteller Giuseppe Tomasi di Lampedusa sagte einmal: „Wenn wir wollen, dass alles so bleibt, wie es ist, dann ist es nötig, dass sich alles verändert." Das was bleibt, ist das Evangelium, ist Gott, der mit seiner Kirche durch die Zeit geht. Was uns trägt, ist eine Tradition, die die Kirche durch zwei Jahrtausende geführt hat. Aber was ist, wenn die Menschen dieses Evangelium nicht mehr verstehen? Wenn sie denen, die es verkünden, nicht mehr glauben? Was, wenn Menschen sich in ihrer Lebenssituation von der Kirche nicht mehr ernstgenommen fühlen?

Wohl kaum jemand hätte sich das Ausmaß sexualisierter Gewalt in der Kirche vorstellen können, ebenso wenig das System von Vertuschung und Lüge. Wenn wir verlorene Glaubwürdigkeit wieder zurückgewinnen wollen, brauchen wir den Mut zu Wahrheit und Transparenz, dann brauchen wir eine große Demut, mit der wir den Menschen begegnen. Wenn wir auf die hohen Ideale schauen, die die offizielle kirchliche Lehre im Blick auf menschliche Beziehungen und Sexualität vorgibt, empfinden und erleben viele eine große Diskrepanz zwischen Anspruch und Wirklichkeit.

Aus meiner Erfahrung als Seelsorger und auf dem Hintergrund der Kirchengeschichte stellen sich für mich Fragen. In den letzten 15 Jahren habe ich als Pfarrer durchgängig in der zehnten Klasse einer integrierten Gesamtschule katholische Religion unterrichtet. Mir ist kein Schüler begegnet, der auf die kirchliche Sexualmoral nicht mit Ablehnung, Verwunderung oder zumindest fragenden Blicken reagiert hat. Gleichzeitig spürt man, dass gerade unter Jugendlichen Liebe und Treue wieder hoch im Kurs stehen. Ist das nicht ein Weg, der in die Zukunft weist? Nur noch eine Minderheit sagt, die kirchliche Lehre sei in sich stimmig, wenn man nur die „Theologie des Leibes" von Papst Johannes Paul II. ernst nähme, die zeige, was im Grunde schon immer gegolten habe. Doch schaut man in frühere Jahrhunderte, segnete die Kirche im Sakrament der Ehe meist nicht zwei Liebende, sondern ein Zweckbündnis. Es ging weniger um Liebe und Treue, sondern um ganz andere die Ehe begründende Zwecke. Bei den Adligen bestimmte die Politik den Ehepartner und bei der einfachen Bevölkerung die Lage der Felder und die Größe der Mitgift. Und das war bis weit in das 20. Jahrhundert so. Vergangene Zeiten zu idealisieren, ist daher nur schwer möglich.

Eine weitere Erfahrung. Seit über 20 Jahren bereite ich in Gesprächen Brautpaare auf den Empfang des Ehesakramentes vor. Die jungen Leute erzählen dann von ihrem Leben und ihrer Liebe. Ich kann mich an kein Paar erinnern, dass nicht auch vor der kirchlichen Hochzeit schon lange, meist über Jahre zusammengewohnt hat. Nach der Lehre der Kirche leben diese Menschen eigentlich in „schwerer Sünde". Strenggenommen müssten sie vor der Hochzeit beichten, dass sie ihr Leben in Liebe und Treue in den letzten Jahren miteinander geteilt haben. Dies nur auf die Sexualität zu beziehen, wird dem Menschen nicht gerecht. Gilt nicht vielmehr, dass diese Menschen miteinander in all den Jahren gewachsen sind, ihre Entscheidung zu einer kirchlichen Hochzeit gereift ist, obwohl sie heute unter ihren Freunden mit einer kirchlichen Trauung nicht nur auf Verständnis treffen? Dass es Beziehung und auch Sexualität in gegenseitiger Liebe und Treue auch außerhalb einer kirchlichen Ehe gibt, sollten wir als Christen wertschätzen, statt darüber zu urteilen, bei allem Respekt gegenüber denen, die sich zur Enthaltsamkeit berufen fühlen und ohne das Ideal einer christlichen Ehe zu verwerfen.

Glaubwürdig werden wir als Kirche nur, wenn wir im Wissen um die eigene Schwäche den Menschen zum Leben helfen, wenn wir wie Jesus Liebe und Treue als Quelle des Lebens verkünden. Gleichzeitig gilt es, die Erkenntnisse der Humanwissenschaften der letzten Jahrzehnte anzuerkennen und mit dem Evangelium zu verbinden, gerade mit Blick auf die Homosexualität und auf die Geschlechterrollen.

Papst Johannes XXIII. hat den Begriff des Aggiornamento geprägt. Es gilt in unserer Zeit, den Glauben in das „Heute" zu bringen, dem modernen Menschen, seinen Fragen und Sehnsüchten gerecht zu werden und ihm das Evangelium als einen Weg zum Leben zu zeigen, nicht als eine Ansammlung von Verboten und Gesetzen. Wenn Menschen die Kirche nur noch damit in Verbindung bringen, muss sich etwas ändern, damit die gute Botschaft, die wir haben, zum Leuchten kommt.

Der Synodale Weg steht in einer großen Spannung. Nicht nur in der Spannung zwischen Anspruch und Wirklichkeit, sondern auch in der Spannung zwischen den verschiedenen Regionen und Kulturen der Weltkirche, sowie in der Spannung zwischen Tradition und Fortschritt. Gerade die jüngsten Forschungen des Münsteraner Kirchenhistorikers Hubert Wolf zeigen neu, dass der römische Zentralismus und der päpstliche Machtanspruch im Sinne einer obersten Jurisdiktionsgewalt über jede einzelne Teilkirche in wesentlichen Teilen im 19. Jahrhundert entstanden ist. Schaut man in die Kirchengeschichte, gab es früher eine weit größere Pluralität. Dies scheint mir eine Zukunftsfrage für die Kirche zu sein. Können nicht viele der Fragen, die der Synodale Weg in Deutschland stellt, auf regionaler Ebene gelöst werden? Etwa in der Frage der priesterlichen Ehelosigkeit gibt es diese Pluralität bereits. In den katholischen Ostkirchen ist die Priesterehe eine Selbstverständlichkeit, und existiert seit Jahrhunderten neben dem Zölibat. Mit einer Unterschrift erlaubte Papst Benedikt XVI. den alten tridentinischen Ritus, und führte mit der Subdiakonatsweihe, die Papst Paul VI. abgeschafft hatte, sogar neue Ämter ein. Hier zeigt sich in jüngster Vergangenheit, dass es in der Kirche ohne weiteres verschiedene Wirklichkeiten geben kann. Mit gleicher Sympathie, mit der man traditionelle Katholiken in die Kirche zu integrieren vermag, sollte man auch auf andere Gruppen zugehen. Das war immer die Stärke der katholischen Kirche. Sowohl das Evangelium wie auch die Tradition der Kirche zeigen da viele Wege auf. Es gilt, den heutigen Menschen, die Fragen der Gesellschaft, die Erkenntnisse der modernen Wissenschaft und die aktuellen Herausforderungen, die uns gerade in der Corona-Pandemie drastisch vor Augen geführt werden, mit einem realistischen Blick anzuschauen und wahrzunehmen. Dies gelingt dagegen wohl nur, wenn wir diesen Weg als geistlichen Weg verstehen, den uns der Herr der Kirche führen will. In der Meinung des anderen zeigt sich uns etwas von Gottes Geist, der es vermag, aus den vielen Stimmen Einheit werden zu lassen, die am Ende doch verschieden ist und unterschiedliche Zugänge ermöglicht. Nur so funktioniert Kirche. Das ist meine grundlegende Erfahrung als Christ und als Seelsorger.

Mit Lust und Liebe glauben

Dr. Martina Kreidler-Kos, *1967, Bramsche, Theologin,
Leiterin der Abteilung Seelsorge im Bistum Osnabrück,
vorher Diözesanreferentin der Ehe- und Familienpastoral,
Lehrbeauftragte der Philosophisch-Theologischen Hochschule
in Münster im Bereich Theologie der Spiritualität.
Beraterin im Forum IV

Am Abend des 4. September 2020 klingelt mein Handy. „Ich
habe den Bericht zum Synodalen Weg in der Tagesschau gesehen. Was habt ihr denn jetzt entschieden?", fragt meine
Schwester neugierig. Wieder einmal ist es in der Kirche kom-
plizierter, es gibt viel zu erklären: Dass aufgrund von Corona
nur sogenannte Regionalversammlungen stattfinden konnten, auf denen noch nichts beschlossen werden sollte. Dass
wir „nur" über das Frauenthema und über die Sexualmoral
debattiert haben. Dass heute erst Arbeitspapiere vorgelegt
wurden ... Geduldig hört sie mir zu. Dann fragt sie: „Sag mal,
ist das den ganzen Einsatz wert?" Damit trifft sie mich mitten
ins Herz. Wieviel Lebenszeit und Arbeitsenergie steckt in
diesen Beratungen und nicht zuletzt in unseren Papieren.
„Darauf gibt's eine schnelle und eine ausführliche Antwort", sage ich. „Ich will beide hören", meint sie tapfer. „Ok,
die schnelle: Ja! Es ist diesen ganzen Einsatz wert. Weil
viele gute Leute derzeit das Beste für die Kirche wollen."
„Und die ausführliche?", fragt sie. „Auch: Ja. Aber es ist
harte Arbeit! Weil mit den vielen guten Leuten eben völlig
verschiedene Hoffnungen, Energien, Ansichten, Lebensge-
schichten und Glaubenserfahrungen zusammenkommen.
Das ist in den Beratungen spürbar, aber noch viel mehr an
der Basis, die – wenn sie den Synodalen Weg überhaupt zur
Kenntnis nimmt – mehrheitlich den Kopf schüttelt und sich
über die Fragestellungen wundert. Die Erschütterung des

Missbrauchsskandals steckt allen tief in den Knochen. Es gibt nicht nur deshalb viel Kritik an der derzeitigen Behäbigkeit der katholischen Kirche. Auch heute in Dortmund wurde deutlich: Schärfer sollen wir formulieren, klarer, weitsichtiger, zukunftsfähiger. Es gibt ein großes Drängen auf Veränderungen hin. Glaub mir, mehr als einmal habe ich gedacht, wenn es nur so einfach wäre!" Es entsteht eine lange Pause. „Vielleicht ist es einfach", meint meine Schwester nachdenklich, „wenn ihr doch alle wollt, dass sich was dreht?"

Der Zufall will es, dass ich später innerhalb weniger Tage einmal in München auf einem Podium zum Synodalen Weg sitze und dann am anderen Ende des Landes in Leer. Ob in Bayern oder in Ostfriesland, die Menschen drängen. Sie sprechen tatsächlich häufig von der „letzten Chance" für die Kirche, sie bringen ihre Resignation ins Wort, ihre gebeutelten Hoffnungen, die manche seit Jahrzehnten aufrecht zu erhalten versuchen. Gerade die Zeugnisse der älteren Menschen machen betroffen: „Nach dem Konzil war ich so voller Elan und Hoffnung oder in den Jahren der Würzburger Synode. Und was kam dann?" „Hatten wir nicht grade eben einen groß angelegten Dialogprozess? Da ist nichts bei rausgekommen!" „Wo sind eigentlich die Themen, die uns wirklich bewegen: Arbeitslosigkeit in Folge der Pandemie, die Polarisierungen innerhalb der Gesellschaft, der Klimawandel? Was ihr da oben verhandelt, das interessiert doch keinen mehr!" Und: „Wir in den Gemeinden machen so vieles längst. Wir fragen nicht mehr, ob uns das jemand erlaubt!" Sollte ich Bilanz ziehen über die Erfahrungen aus solchen Begleitveranstaltungen, Diskussionen, Gesprächen: Es geht tatsächlich fast allen zu langsam. Die Stimmen, die gerne alles so lassen würden, wie es ist, tauchen „live" kaum auf.

Das Thema, für das ich im Synodalen Weg einstehe, ist in dieser ganzen Gemengelage nochmal ein Spezialfall. Weil es einen so tiefen und verletzlichen Lebensbereich berührt. Viele empfinden einen nicht mehr zu überbrückenden Graben zwischen der Lehre der Kirche in Fragen rund um Liebe und Sexualität und dem eigenen Leben mit seinen vielfältigen Erfahrungen. Die Normierungen der derzeitigen kirchlichen Sexuallehre und eben diese Erfahrungen – auch die von Sinn und Glück - finden nicht zusammen. (Ob man mit Überzeugung sagen könnte, dass sie das etwa in den letzten fünfzig Jahren getan haben, scheint mir angesichts der vielen Verletzungsgeschichten fraglich.) Die Kluft ist in ihrem Ausmaß mit den Umfragen vor beiden Familiensynoden 2014 und 2015 sichtbar gemacht worden, wir haben diesen Graben sozusagen schwarz auf weiß und von der Kirche selbst erhoben. Gegenwärtig, so muss man bilanzieren, wird die katholische Sexuallehre durch alle (katholischen) Generationen hinweg mindestens als lebensfern wahrgenommen, wenn nicht gänzlich ignoriert. Dass das mitnichten nur in unserem Kulturkreis der Fall ist, zeigt etwa die chilenische Schriftstellerin Isabel Allende. Sie bezeichnet ihr Heimatland als das „katholischste Land der Welt", aber konstatiert nüchtern: „Die Kirchen füllen sich an Sonntagen und der Papst wird verehrt, auch wenn ihm beim Thema Empfängnisverhütung kaum jemand Beachtung schenkt, weil man davon ausgeht, dass ein im Zölibat lebender Greis, der sich nicht um seinen Lebensunterhalt kümmern muss, in einer solch delikaten Angelegenheit kein Fachmann sein kann." (Isabel Allende, Mein erfundenes Land, Frankfurt/Main, 2008, 73.) Zu dieser empfundenen Lebensferne kommt seit Herbst 2018 die tiefe Erschütterung durch die Ergebnisse der MHG-Studie. In einer katastrophalen und zutiefst beschämenden Weise offenbart sich hier Diskrepanz zwischen Anspruch und Wirklichkeit katholischer Sexualmoral.

Was tut nun not? Kurz gesagt ein positiver Blick auf diese Lebensfragen. Das von Jesus Christus verheißene Leben in

Fülle wird oft und gerade in Liebesbeziehungen erfahren. Kaum anderswo verkosten Menschen so intensiv und konkret tatsächlich einen „Vorgeschmack des Himmels", wie Papst Franziskus in seinem Familienpapier Amoris laetitia (AL 129) schreibt. Zugleich sind Menschen in ihrer Sexualität und in ihren Beziehungen äußerst verletzlich. Sie brauchen Schutz durch Werte, die kompromisslos der menschlichen Würde und der gegenseitigen Zuneigung verpflichtet sind. Zudem muss es Ermutigung und Unterstützung geben, Sexualität human zu gestalten. Es ist ja nicht so, als fänden Menschen leicht Orientierung in all den Fragen, die sich rund um Lust und Liebe eben auch auftürmen. Unsere Gesellschaft bietet vor allem von wirtschaftlichen Interessen geleitete Handlungsmaximen oder auch Vorbilder an. Die eigentliche Aufgabe für die katholische Kirche besteht derzeit darin, Sexualität – endlich – rückhaltlos zu würdigen, als eine von Gott gegebene Kraft, als Geschenk, das „die Begegnung zwischen Liebenden verschönert" (vgl. AL 152).

Wesentliche Teile der derzeitigen katholischen Sexuallehre bieten hierfür unverzichtbare Orientierung. Werte wie Treue, Verbindlichkeit, Ausschließlichkeit, gegenseitige zärtliche Bejahung und verantwortete Elternschaft stellen für alle sexuellen Beziehungen leuchtende Marker dar, die durchaus anschlussfähig sind. Und auch die Grenzen, die die kirchliche Lehre in diesen Bereichen nennt, müssen rückhaltlos unterstrichen werden: Jegliche Ablehnung von Diskriminierung, die Verteidigung der menschlichen Würde, das strikte Verbot des sexuellen Missbrauchs von Minderjährigen und Schutzbefohlenen, die Ablehnung aller Formen von ausbeuterischer und gewaltförmiger Sexualität. Alles, was die Würde des oder der anderen verletzt, was ihre oder seine körperliche Integrität beschädigt, darf nicht sein. Und schließlich sind da die ureigenen Fragen, für die die Kirche steht: Wie verbinde ich mein Leben und Lieben mit meinem

Glauben? Was hat ein liebender Gott mit unseren Liebeser-
fahrungen zu tun? Wie integrieren wir „Freude und Hoffnung, Trauer und Angst der Menschen von heute" (GS 1), die
auch und gerade in Beziehungen erlebt und erfahren werden, in das kirchliche Leben und Lehren? Wenn ich mir etwas
wünschen dürfte für unser Forum, den Synodalen Weg und
die katholische Kirche, dann das: Dass es uns gelingen möge
zu ermutigen, wirklich *mit* Lust und Liebe zu glauben.

Eröffnungsgottesdienst und Eröffnung 30.01.2020
©: Synodaler Weg/Nadine Malzkorn

Eine Kultur der Liebe

Christian Gärtner, *1966, Oberasbach, Vorsitzender
Diözesanrat im Bistum Eichstätt, Mitglied Synodalversammlung

Ich bin das Kind eines evangelischen Vaters und einer katholischen Mutter. Damit diese „Mischehe", wie man das damals noch genannt hat, katholisch getraut werden konnte, musste sich meine Mutter schriftlich verpflichten, ihre Kinder katholisch zu erziehen. Trotz dieser katholischen Sozialisation ist mir der Glaube erst in meiner Jugend persönlich wichtig geworden. Ich bin damals nicht wegen des Gottesdienstes in die Kirche gegangen, sondern weil ich dort meine besten Freunde getroffen habe, die alle frömmer waren als ich. Da bin ich dann aber auch Gemeindereferenten und Priestern begegnet, die überzeugende Zeugen der Frohen Botschaft waren. Ich habe zum Glauben gefunden, weil ich als Jugendlicher glaubwürdig Glaubende in meiner Heimatpfarrei kennengelernt habe.

Für mich ist der Kern der Frohen Botschaft die Liebe. Liebe kann es aber nur in Beziehung geben. Daher musste ein Gott, der Liebe ist, Mensch werden, um eine Liebesbeziehung mit uns Menschen eingehen zu können, und deshalb sind wir Menschen auch dazu berufen, einander zu lieben. Und in einer Welt, die so oft von einer Kultur des Hasses geprägt ist – einer Kultur des Hasses, die ihre hässliche Fratze zurzeit vor allem in den sozialen Medien zeigt – müssen wir Christen eine Kultur der Liebe pflegen.

Warum engagiere ich mich in der Kirche?

Für diese fröhliche Gemeinschaft liebenswerter Menschen, die das, woran sie geglaubt haben, auch ausgestrahlt haben, wollte ich mich dann schon in meiner Jugend auch selber einsetzen. So bin ich erst Jugendleiter geworden, später dann Diözesanvorsitzender des Bundes der Deutschen katholischen Jugend (BDKJ) in meinem Bistum Eichstätt, bald auch in den Pfarrgemeinderat gewählt worden und so irgendwann auch in den Diözesanrat, dessen Vorsitzender ich inzwischen schon seit über 13 Jahren bin. Ministrant war ich nie und Theologie zu studieren oder gar Priester zu werden, kam für mich nicht in Frage. Dazu habe ich zu viel Lust auf Sex und deshalb habe ich mir zu Herzen genommen, was Erasmus von Rotterdam über den heiligen Thomas Morus geschrieben hat: „Maluit igitur maritus esse castus quam sacerdos impurus." – Lieber ein anständiger Ehemann sein, als ein lasterhafter Priester.

Warum mache ich beim Synodalen Weg mit?

Leider hat sich gezeigt, dass es in unserer Kirche vielleicht nicht viele, aber eben doch zu viele lasterhafte Priester und Bischöfe gibt. Wobei ich das Lasterhafte nicht nur beim sexuellen Missbrauch sehe – Geldgier und Prunksucht sind auch Laster. Nun könnten wir als Laien den Klerikern auch einfach sagen: „Ihr habt's verbockt, jetzt schaut's, wie ihr's wieder richtet." Aber eine solche Haltung ist mir fremd. Ich habe mich als demokratisch gewählter Vertreter der Laien in meinem Bistum nie gescheut, mich für die Kirche in Pflicht nehmen zu lassen, auch wenn es schwierig wird. Deshalb will ich im Vertrauen auf den Heiligen Geist auch meinen Beitrag auf diesem Synodalen Weg dazu leisten, dass wir als Kirche in Deutschland, auch in den Augen der breiten Öffentlichkeit, wieder glaubwürdige Zeugen der Frohen Botschaft sein können. Darum stehe ich hier.

(Zeugnis bei der Eröffnung der Ersten Synodalversammlung im Dom St. Bartholomäus zu Frankfurt)

„w liebt w – na und!"

Wolfgang Klose, *1964, Vizepräsident des
Zentralkomitees der deutschen Katholiken,
Mitglied der Synodalversammlung, Mitglied im Forum IV

Als im Sommer 2019 das „vorbereitende Forum Sexualmoral" eingerichtet wurde, bekam ich die Anfrage, ob ich mitarbeiten möchte. Nach einem ersten Erstaunen und fragendem Blick meinerseits (ich bin weder Theologe noch Wissenschaftler noch beruflich in diesem Bereich engagiert) wurde mir aber klar, dass mein Engagement im ZdK für die Segnung von homosexuellen Paaren wohl das auslösende Moment war. Spannend, dachte ich, dass die da auf mich kommen. Dazu kommt aber auch, dass ich in meinem Lebens- und Glaubensumfeld mit vielen Menschen in Kontakt komme, homosexuelle Beziehungen sind da ganz selbstverständlich und gleichgeschlechtliche Ehen gehören zu meinem familiären Umfeld. Hier in meiner Stadt Berlin, in meiner Gemeinde in Neukölln zeigt sich öffentlich die Vielfalt von gelebter Liebe in ihren vielfältigsten Formen. Aber das Thema ist ja größer: Wie reden und denken wir und die Kirche über Liebe, Sexualität, Gemeinsames und Trennendes, Wirklichkeit und Lehre, Auslegung und Deutung?

Noch spannender war dann das erste Treffen und die „bunte Zusammensetzung" der Teilnehmenden. Was mir vorher schon klar war, wurde noch deutlicher – es geht um mehr. Es geht nicht nur um „mein" Thema, es geht um den Blick auf das Ganze. Wie steht es schon in Gaudium et Spes? „Allzeit" obliegt der Kirche die Pflicht, „nach den Zeichen der Zeit zu forschen und sie im Licht des Evangeliums zu deuten" (GS 4) und „Es geht um die Rettung der menschlichen Person, es geht um den rechten Aufbau der menschlichen

Gesellschaft" (GS 3). Welch hehrer Anspruch, und wie weit sind wir aktuell davon entfernt. Deshalb war und ist mir meine Mitarbeit wichtig.

Die Arbeit im „Vorforum" möchte ich nicht näher beleuchten, sondern meine Wahrnehmungen zu der Arbeit im Forum „Leben in gelingenden Beziehungen – Liebe leben in Sexualität und Partnerschaft" niederschreiben.

Der umfassende Titel des Forums zeigt schon die Breite der Inhalte und der daraus entstehenden Diskussionen. Es war und ist nicht leicht in diesem Forum; aber genau das fordert mich heraus und, ganz ehrlich, macht mir sogar Freude mitzuarbeiten. Es gilt viel auszuhalten, nur so kann es zu einer erfolgreichen Auseinandersetzung kommen. Leider schaffen das nicht alle in diesem Forum, das verstehe ich nicht. Natürlich habe auch ich mit einigen Positionen meine Schwierigkeiten. Aber ich höre zu, wäge ab und versuche dann auch zu überlegen, was ich davon mitnehmen kann. Dasselbe erwarte ich von allen anderen Teilnehmenden. Wenn diese Toleranz und Bereitschaft nicht da ist, ist das äußerst bedauerlich.

Ob es am Ende zu einem gemeinsamen Text führen wird – ich wünsche und erhoffe es mir, noch sind wir davon ein ziemliches Stück entfernt. Es fing schon damit an, dass wir einander erzählt und zugehört haben. Wie gehen wir selbst mit unserer Sexualität um – in welchem (vermeintlichen) Widerspruch steht sie zu Lehren und Verlautbarungen unserer Kirche? Auch gibt es nicht nur gelingende Beziehungen, es gibt Beziehungen, die gescheitert sind, Beziehungen, die nur auf Zeit ausgelegt sind. Es gibt liebende, geliebte und nicht geliebte Menschen. Die menschliche Sexualität gehört zu unserer eigenen Identität – sie wurde uns von Gott geschenkt, und wir müssen mit ihr umgehen. Es gibt Menschen, die mit ihrer gelebten (oder auch nicht gelebten) Sexualität selbst nicht zurechtkommen, noch weniger in Gesellschaft und

Kirche. Und genau diese offenen Themen sind für mich Motor und Antrieb für weitere Auseinandersetzungen und Diskussionen. Denn nur, wenn wir selbst und die Kirche mit der menschlichen Sexualität ehrlich und offen umgehen, die Verklemmung ablegen, frei sprechen können, wenn die Lebenswirklichkeiten wahrgenommen und akzeptiert werden, werden sich auch die Wertvorstellungen ändern. Und dann ist hoffentlich eine der Wurzeln des Bösen beseitigt, die vor Beginn des Synodalen Weges benannt wurden – des sexuellen Missbrauchs in unserer Kirche. Dazu müssen wir uns als Synodale auch verpflichten: Wir müssen ehrlich und wahrhaftig sein – und nach dem „Sehen und Urteilen" müssen wir zum „Handeln" kommen.

Wir arbeiten im Forum an möglichen Voten, die in der Synodalversammlung verabschiedet werden sollen. In den ersten (coronabedingten) Regionenkonferenzen haben wir viele Impulse dafür bekommen. Mir wurde neben den inhaltlichen Anmerkungen aber auch klar, welchen Stellenwert dabei die Sprache hat: wie sprechen wir – und werden wir verstanden? Damit sind wir wieder beim Thema „Lebenswirklichkeit". Wenn ich in Berlin nach diesem Tag in der City Leute gefragt hätte, was sie zu unseren Voten sagen, hätte ich oft Kopfschütteln geerntet. Wir müssen klar und verständlich reden, Kirchen-, Theologen-, Wissenschaftlersprache bringen uns hier nicht weiter. Ich bin froh und dankbar über die notwendige theologische und wissenschaftliche Beleuchtung und Begleitung in unserem Forum. Aber für und mit den Menschen müssen wir anders reden.

Aus dem Jahre 1989 stammt das Lied „Vertraut den neuen Wegen" – dieses Lied begleitet mich sehr oft und schwingt in meinem Handeln mit. Mit dem Vertrauen, das aus diesem Lied spricht, sollten wir uns gemeinsam und mutig auf die neuen Wege auch von Sexualität und Partnerschaft machen.

Natürlich komme ich am Ende noch einmal zu meinem „Kernthema". Ich möchte, dass meine Überschrift (die auch mit m oder d ersetzt werden kann) bald auch in der Kirche selbstverständlich ist. Neben dem bestehenden klassischen m+w gibt es noch vielfältige liebende Beziehungen. Und dass dann diese Beziehungen, die tief verwurzelt in zwei Menschen und in Gott sind, selbstverständlich öffentlich in der Kirche gesegnet werden, ohne dass der Segnende anschließend Repressalien ausgesetzt ist, wäre einer von vielen nötigen Schritten.

Schweigen verboten! Schuld bekennen! Umkehren und anders handeln!

Marcus Schuck, *1968, Pastoralreferent im pastoralen Raum Miltenberg. Vertreter des Berufsverbands der Pastoralreferent*innen Deutschlands (BVPR), Mitglied der Synodalversammlung und des Synodalforums IV

Als ich von der Synodalversammlung ins Forum „Leben in gelingenden Beziehungen" gewählt wurde, habe ich – gewissermaßen als Mahnung - zwei alte Erinnerungsstücke hervorgekramt: Zum einen das kleine Büchlein „Mehr vom Leben", das die Deutsche Pfadfinderschaft St. Georg 1987 als „Orientierungsbuch für Rover" herausgebracht hatte. Damals war ich als 18jähriger selbst in einer Roverrunde aktiver Pfadfinder. Es ist eine kleine Kuriosität, die da in meinem Bücherregal langsam vergilbt, denn kurz nachdem ich es geschenkt bekommen hatte, wurde die gesamte Auflage auf Druck der Bischofskonferenz vom Jugendverband eingestampft. Grund für den bischöflichen Groll war ein Artikel, der sich – zugegebenermaßen sehr salopp – mit Verhütung in Zeiten von AIDS auseinandersetzte und jungen Menschen wie mir eine Grundausstattung Kondome empfahl.

„Sex-Splitter" heißt das andere kostbare Erinnerungsstück. Es ist ein Positions- und Diskussionspapier zur kirchlichen Sexuallehre, das eine Arbeitsgruppe des BDKJ Diözsanverbands Würzburg unter der Leitung meines Studienfreunds und Pastoralkurskollegen Ralph Neuberth erarbeitet hat. 1996 wurde es veröffentlicht; da hatte ich gerade mein Theologiestudium beendet und als Pastoralassistent im Bistum Würzburg zu arbeiten begonnen. Die „Sex-Splitter" hatten immerhin neben anderen Domkapitular Josef Pretscher als Vertreter der Bistumsleitung und mein geschätzter Würzburger Moraltheologe Prof. Bernhard Fraling erarbeitet. Ich war hoffnungsvoll, dass mit den vorsichtig formulierten Handlungsschritten Bewegung in die kirchliche Haltung zu Themen wie Sex vor der Ehe und Homosexualität kommen könne. Erleben musste ich aber, dass Ralph Neuberth wegen dieses Papiers seinen schon zugesagten Job bei der Bischofskonferenz nicht antreten durfte.

Was sollen diese alten Geschichten im Zusammenhang mit dem Synodalen Weg? Sie zeigen den Reformstau: Seit ich denken kann, gibt es keine Bewegung in der kirchlichen Sexuallehre, allen humanwissenschaftlichen Erkenntnisse zum Trotz. Mit der Folge, dass sie inzwischen für die allermeisten jungen Menschen keine Orientierung mehr für ihr Leben bietet.

Die geschilderten Erfahrungen machen aber auch deutlich, dass die Kirche über Fragen der Sexualität massiv Macht ausübt. Bis heute ist es gefährlich – zumindest für alle, die ihr Geld bei der Kirche verdienen – wenn sie von der kirchlichen Lehre abweichen: Moraltheolog*innen müssen um ihr Nihil Obstat fürchten. Wenn sich ein Priesteramtskandidat zu seiner Homosexualität bekennt, ist dies ein Weihehindernis. Die Pastoralreferentin, die eine neue Beziehung nach ihrer Scheidung eingeht, muss mit ihrer Kündigung rechnen.

Meine Erinnerungsstücke ermahnen mich: So kann es nicht weitergehen! Du hast viel zu verlieren, nämlich deine Heimat in der Kirche. Auch wenn du Gegenwind bekommst, darfst du nicht schweigen. Ungemein ermutigend ist allerdings, dass im Synodalen Weg viele ihre Angst überwinden und nicht mehr schweigen. Ein Beispiel ist der Beitrag von Hendrik Johannemann, ebenfalls Mitglied im Forum „Leben in gelingenden Beziehungen" bei der Regionenkonferenz im September 2020 in München: „Wir haben es satt, dass uns unser Glauben abgesprochen wird, weil wir lieben, wie wir lieben. Wir haben es satt zu hören, wir seien in der

Schöpfung nicht vorgesehen. Ich bin schwul und katholisch, ich glaube und Gott steht auch mir bei."

Solches offene Wort habe ich in der Kirche lange Zeit vermisst. Egal ob es am Ende gelingt, die Lehre zu verändern, wie es sich viele Mitglieder des Synodalforums 4 zum Ziel gesetzt haben, dieser Freimut und die offene und respektvolle Auseinandersetzung, die die Wirklichkeit und nicht das Ideal in den Blick nimmt, verändert gerade die Kirche. Und diese Veränderung kann nicht einfach zurückgedreht werden, davon bin ich überzeugt.

In der Synodalversammlung und im Forum 4 wird die Wirklichkeit ungeschönt zur Sprache gebracht und das schwere Leid, das Menschen im Namen Gottes zugefügt wurde. Allen Mitgliedern des Synodalforums 4 ist es ein Anliegen, in einer wertschätzenden und positiven Sprache von der menschlichen Sexualität zu sprechen. Eben wohltuend anders als das in den meisten kirchlichen Dokumenten bisher der Fall ist. An den Reaktionen auf die im September vorgelegten Texte haben wir feststellen müssen, wie schwer das umzusetzen ist.

Damit das gelingen kann, ist aus meiner Sicht als erster Schritt eine glaubwürdige Umkehr vonnöten. Ich habe darum die Idee eines Schuldbekenntnisses, verbunden mit einer Selbstverpflichtung in die Diskussion gebracht.

Denn die Kirche hat durch ihre Sexuallehre und ihre einseitige moralische Fixierung auf das, was in den Beichtspiegeln unter dem 6. Gebot aufgelistet ist, viel zu viele Menschen ausgegrenzt, in ihrer Menschwerdung behindert und zutiefst verletzt. Zu sehr war die Kirche ängstlich darauf bedacht, die Kraft des Sexualtriebs durch Verbote einzuhegen, statt zu ermutigen und unterstützen, mit Hilfe des Gottesgeschenks der Sexualität das Leben reicher und schöner zu machen.

Die Idee eines Schuldbekenntnisses fand Unterstützung im Forum. Meinen ersten Formulierungsvorschlag haben wir durch die Formulierung der Bischöfe der deutschen Sprachgruppe bei der Familiensynode 2015 ersetzt, die damals schon ein Schuldbekenntnis formuliert hatten, das leider nicht die Aufmerksamkeit bekam, die es verdient. Ohne Gegenstimme hat das Synodalforum dieses notwendige Schuldbekenntnis in die Voten aufgenommen, die wir den Regionenkonferenzen im September vorlegten. Und auch dort: viel Zustimmung.

Ich bin mir sicher: Wenn die Synodalversammlung stellvertretend für die katholische Kirche in Deutschland diese Schuld bekennen und um Verzeihung bitten würde, wäre das ein starkes Zeichen, auf das viele Menschen gewartet haben und das sie dankbar aufnehmen würden.

Allerdings sollte mit dem Bekenntnis auch eine Selbstverpflichtung verbunden sein, in Zukunft anders zu handeln. Durch das vom Forum 4 vorgelegte Votum verpflichten sich – wenn es denn so von der Synodalversammlung beschlossen wird – alle Synodalen – Bischöfe, Vertreter*innen der Kleriker und der Laien gleichermaßen für ihren Verantwortungsbereich – „einen wahrhaftigen und überprüfbaren Weg der Umkehr und der Erneuerung zu gehen und für eine Veränderung der Lehre und der Praxis der Kirche im Umgang mit menschlicher Sexualität Sorge zu tragen."

Würde das nicht reichen? Sollte die Kirche nach dem angerichteten Unheil nicht besser zu Sexualmoral ganz schweigen? – Denn sicher steht die Sexuallehre nicht im Zentrum der Botschaft Jesu.

Ich fürchte, dass das nicht ausreichen würde. Denn der Schock der MHG-Studie, die 2018 systemische Ursachen der Missbrauchsverbrechen in der Kirche offenlegte, hat das Tabuthema „katholische Sexuallehre" auf die kirchliche Tagesordnung gesetzt. Was mit Macht unter dem Deckel gehalten werden sollte, kam ans Tageslicht: Die Sexuallehre ist ein Risikofaktor für sexuellen Missbrauch, denn sie hat

Menschen an ihrer sexuellen Reife gehindert. Sie hat das nicht erfüllt, was ihre Aufgabe ist, nämlich Orientierung in der Wirklichkeit des Lebens zu geben.

Hier hat mir der Blick in die „Sex-Splitter" weitergeholfen. Dort wird unterschieden zwischen Werten und den daraus abgeleiteten Normen. Die Werte, die wir als Christ*innen im Bereich der Sexualität vertreten sind unter den Mitgliedern des Forums 4 nahezu unbestritten: Achtung der Menschenwürde und der Selbstbestimmung, Verantwortung für den*die andere*n und für mögliches entstehendes Leben, Liebe, Treue und Dauerhaftigkeit der Beziehungen. Diese Werte werden von vielen in unserer Gesellschaft geteilt. Sie sind anschlussfähig und können auch jungen Menschen Orientierung geben.

Spannend wird dann, welche konkreten Normen sich daraus ergeben. Wenn nämlich christliche Werte in Beziehungen gelebt werden, kann schwerlich homosexuellen Partnerschaften der kirchliche Segen verweigert oder eine neue Liebe nach dem Scheitern einer Ehe rigoros verurteilt werden. Da liegt noch viel Arbeit, Hören aufeinander, theologische Klärungen und Sich-Einsetzen für die eigenen Überzeugungen vor uns. Und – ach ja: Es soll ja auch noch so formuliert sein, dass es gerne gelesen und verstanden wird.

Regionenkonferenz Frankfurt
© Synodaler Weg/Jochen Reichwein

Regionenkonferenz
© Synodaler Weg/Jochen Reichwein

Mutig vorangehen,
um nicht in der Bedeutungslosigkeit
zu enden

Gregor Podschun, *1990, seit Juli 2020
Bundesvorsitzender des Bundes der
Deutschen Katholischen Jugend (BDKJ).
Er ist Mitglied der Synodalversammlung
und des Synodalforums IV
Katharina Norpoth, *1991, Studentin
der Sozialwissenschaft (M.A.) und von Mai 2015
bis Juli 2020 Bundesvorsitzende des
Bundes der Deutschen Katholischen
Jugend (BDKJ). Sie ist Mitglied der
Synodalversammlung und des Synodalforums IV

„Jungen Menschen ist doch egal, was die Kirche sagt!" Solche oder ähnliche Aussagen kennen wir vermutlich alle. Schon seit langer Zeit stimmt die kirchliche Lehre nicht mit der Lebenswirklichkeit und -gestaltung vieler junger Menschen überein. Und doch behaupten wir, dass junge Menschen sich sehr wohl dafür interessieren, „was die Kirche sagt".

Innerhalb der katholischen Jugendverbände im BDKJ setzen sich junge Menschen mit Themen rund um Liebe, Sexualität und Partnerschaft regelmäßig auseinander und „stehen [...] als katholische Kinder- und Jugendverbände für die Werte ein, die eine Beziehungsethik auf Grundlage des Evangeliums prägen: Treue und Verantwortung, Achtung der Würde und der Grenzen des Gegenübers, Einvernehmlichkeit, Gegenseitigkeit, Gleichheit, Unversehrtheit", wie es im Beschluss der BDKJ-Hauptversammlung 2016 „Zum kirchlichen Umgang mit Liebe und Partnerschaft" heißt.

Es geht darum, sich kritisch-konstruktiv mit den Dissonanzen aus kirchlicher Lehre und Lebensrealität auseinanderzusetzen und Orientierung zu geben. Junge Menschen sollen auf dieser Grundlage befähigt werden, eigenverantwortete Entscheidungen zu treffen. Ebenso soll ein Klima geschaffen werden, in dem sich niemand wegen seiner sexuellen Orientierung oder Identität ausgeschlossen fühlt.

Wird über Verbote und starre Regeln zum Ausdruck gebracht, was man tun soll und darf, ist das für viele keine geeignete Herangehensweise. Die derzeit geltende Sexuallehre der Kirche bietet daher keine Orientierung mehr. Der schon zitierte Hauptausschussbeschluss sagt dazu: „Es wird einer Beziehung nicht gerecht, wenn sie allein danach be- oder verurteilt wird, ob sie sich in einem kirchenrechtlich erlaubten Rahmen bewegt oder nicht." Fragen der Liebe, Treue und gegenseitigen Verantwortungsübernahme werden in der Lehre vollständig ausgeklammert, wenn sie sich nicht in einem heteronormativen Rahmen bewegen.

Mit dem Synodalforum „Leben in gelingenden Beziehungen – Liebe leben in Sexualität und Partnerschaft" beschäftigen wir uns auf dem Synodalen Weg mit eben diesen Themen. Die sogenannte MHG-Studie zeigt uns deutlich, dass es notwendig ist, die kirchliche Sexuallehre zu überarbeiten. Dabei bewegen wir uns zwischen extremen Positionen, einschneidenden persönlichen Erfahrungen und verschiedenen Professionen und Expertisen, die es zu bündeln gilt.

Dabei kann es aber unserer Meinung nach nicht darum gehen, einen Weg zu finden, der ausschließlich auf Konsens ausgelegt ist, sondern der die Wirklichkeiten der Mehrheit der deutschen Katholik*innen widerspiegelt und Menschen nicht aufgrund ihrer sexuellen Orientierung oder Identität diskriminiert – die Würde des Menschen drückt sich hier auch in Gottes guter Schöpfung aus. Wir können es uns nicht leisten, zurückzugehen, sondern müssen mutig vorangehen, um nicht in der Bedeutungslosigkeit zu enden. Dazu muss uns ebenfalls bewusst sein, dass wir uns auf einem (Synodalen) Weg befinden, der nicht mit der letzten

Synodalversammlung endet, sondern, der jetzt erst beginnt und danach weitergehen muss. Unsere Aufgabe muss es daher sein, diese letzte Chance zu nutzen, erste Veränderungen zu beschließen und Punkte zu benennen, mit denen wir uns auch zukünftig beschäftigen müssen.

Gerade als Vertreter*innen der jungen Menschen in der Synodalversammlung ist es uns wichtig, unsere Perspektive dort einzubringen und uns für Veränderungen der bisher bestehenden Lehre einzusetzen. Für uns ist dies die einzige Möglichkeit, als Kirche in diesem Themenfeld glaubwürdig und relevant zu bleiben. Wir müssen weg von Verboten und Verurteilungen und hin zu eigenverantworteten Gewissensentscheidungen jeder einzelnen Person. Wir brauchen ein Klima des Angenommenseins jenseits der Heteronormativität und die Anerkennung aller Menschen als wertvoll und fruchtbar. Und es braucht einen langen Atem, diese Veränderungen anzugehen und auf allen Ebenen umzusetzen.

Kapitel 8

Haupt- und Seitenwege –
auf den öffentlichen Plätzen des Weges

kdf-Lichterandacht und Gebet 30.01.2020
©: Synodaler Weg/Nadine Malzkorn

Die Arbeit der Foren flankierend sind viele auf dem Weg: In der Synodalversammlung, in Verbänden und Medien. Sie stellen umfassende Anfragen. Neben grundsätzliche Zustimmung mischen sich Sorgen. Es gibt sehr persönliche Zugänge, die auch mit den eigenen Lebensentscheidungen zu tun haben (Lürbke). Es gibt den Anspruch, der stets erneuerungsbedürftigen Kirche Raum zu geben. Dabei ist auch die „Frage nach Philosophie und Theologie" (Becker) zu stellen. In welcher Sprache wollen wir reden? Druck ist zu spüren: „Zu lange hat sich substantiell nichts verändert" (Hilkenbach). Dem Vorwurf, das Katholische zu verlassen und der Versuchung zu einfachen Antworten zu erliegen, ist ein „Fragezeichen" entgegenzuhalten (Leitschuh). Nur dann ist die Kirche in der Lage, not-wendige „Gründe zu benennen und für ihre Überzeugungskraft ausdrucksstarke Zeichen zu setzen" (Frank).

Unterwegs-Gedanken

Erzbischof Hans-Josef Becker, *1948,
Erzbischof von Paderborn,
Mitglied der Synodalversammlung

Ich gehe den Weg mit. Ich habe ihn gewollt. Er birgt Chancen für eine echte Erneuerung kirchlichen Lebens und christlichen Zeugnisses.

Das „Gebet für den Synodalen Weg" in unserem Land lässt uns hellhörig sein für die anstehenden Aufgaben und Haltungen. Es ist mein täglicher Begleiter.

Meine Hoffnung auf ein gedeihliches Miteinander besteht weiterhin. Doch mischen sich auch Sorgen in meine Wahrnehmung.

Die Vollversammlung in Frankfurt diente vorrangig dem Austausch von Sichtweisen für den vor uns liegenden Weg. Ein weites Spektrum eröffnete sich. Das Regionentreffen in Dortmund schrieb verstärkt fort, was in Frankfurt zur Sprache kam. Mir fiel eine schärfere Polarisierung auf. Nicht zuletzt hatte ich den Eindruck, dass sich zunehmend provozierende Wortbeiträge mit Pauschalisierungen mehrten.

Auf unserem gewollten Weg, der schwierig genug sein wird, hoffe ich auf die Bewältigung konkreter Aufgaben.

Verletzungen werden wahrgenommen: Die Themenfelder des Synodalen Weges sind nicht einfach abstrakt, in die Debatten mischen sich häufig sehr konkrete biographische Verletzungen hinein. Das muss beim Blick auf die Versammlungen und die Debattenkultur wahrgenommen werden. Persönlich formulierte Erfahrungen, Betroffenheiten und Befindlichkeiten haben ihren Platz, müssen aber auch aufgebrochen werden. Sie allein weisen keinen Weg und eröffnen keine Orientierung zur Bearbeitung der Themen. Finden wir

179

eine Arbeitsweise und Tagungskultur, die ein ehrliches und begründetes Vertrauen fördert?

Hilfreich erscheint mir der Hinweis des heiligen Ignatius von Loyola bezüglich der gegenseitigen und gemeinsamen Aufmerksamkeit. Er nennt die Aufmerksamkeit für die Offenbarung, für die äußeren Ereignisse und für die inneren Ereignisse.

Ich sehe die Aufgabe einer wissenschaftlich soliden und validen Beschäftigung mit den Sachthemen der Foren. Dazu zählen auch Philosophie und Theologie. Kein Diskurs ist voraussetzungslos.

Es wird wiederholt betont, die Einheit der Kirche bewahren zu wollen. Wir bitten sogar darum im o.g. Gebet. Bei ultimativen Forderungen und scharfen Tönen eskaliert das Denken in Gruppeninteressen. Ich sehe die Aufgabe der Vergewisserung unseres gemeinsamen Fundamentes im Dienst eines echten und tragfähigen Fortschritts für die Fragen unserer Zeit.

Meine Hoffnung auf den guten Willen aller Beteiligten gebe ich nicht auf, wenn ich auf die nächsten Schritte unseres gewiss auch steinigen Weges blicke. Den Herrn der Kirche bei uns zu wissen, gibt mir Mut.

Glaubwürdig oder bedeutungslos? Welche Chancen bietet der Synodale Weg?

Hubertus Lürbke, *1961, Gemeindereferent
in der Pfarrei St. Vicelin Eutin im Erzbistum Hamburg,
Mitglied der Mitarbeitervertretung, Vorsitzender
des Gemeindereferent/-innen Bundesverbandes,
Mitglied der Synodalversammlung

Die Einladung an den Bundesverband der Gemeindereferent/-innen Deutschlands, mit vier Delegierten am Synodalen Weg teilzunehmen, hat uns gefreut. In der ersten Synodalversammlung konnten wir erreichen, in drei der vier Synodalforen vertreten zu sein. Nicht mehr jung, nicht prominent, nicht Frau - meine Chancen, in das vierte Forum gewählt zu werden, waren zu gering. So bleibt mir zusammen mit 60 % aller Mitglieder die Teilnahme an den halbjährlichen Sitzungen der Synodalversammlung und der intensive Austausch mit meinen Kolleginnen und den Forenmitgliedern aus dem Berufsverband der Pastoralreferent_innen.

Ein kurzer Blick auf meinen beruflichen Werdegang kann vielleicht verdeutlichen, wofür ich mich als Vertreter unserer Berufsgruppe im Synodalen Weg einsetzen möchte.

Meine Kindheit und Jugend waren geprägt vom Leben meiner Heimatpfarrei im Sauerland, in der ich als Messdiener und Gruppenleiter erste Erfahrungen im pastoralen Bereich machte. Gemeindereferent_innen gab es damals in unserer Pfarrei noch gar nicht; wir kannten neben dem Pfarrer und ein bis zwei Vikaren (Kaplänen) noch eine Seelsorgehelferin und Diakone mit Zivilberuf.

Vielleicht auch aus diesem Grund hörte ich aus meinem Umfeld immer öfter die Weissagung „Du wirst bestimmt mal

Priester!" Gegen Ende der Schulzeit war ich schließlich selbst davon überzeugt. Als ich darüber mit unserem Vikar sprach, antwortete er überraschenderweise nicht mit Begeisterung oder Zuspruch, sondern mit diesem für mich damals noch nicht nachvollziehbaren Satz: *„Du bist dafür zu fromm!"*

Zu fromm??! Liturgisch gesehen war ich ein Filialkirchenkind; in der Woche besuchte ich einen Schulgottesdienst, samstags die Vorabendmesse und gelegentlich am Sonntag – um sich mit Freunden zu treffen – das Hochamt in der 2,5 km entfernten Pfarrkirche. Dem häufigen Rosenkranzgebet im sauerländischen Dialekt *(„Gechrüßet seis du Maria, der Herrr is mit dir, ...")* entzog ich mich so oft wie möglich und manche Prozession zog auch wörtlich verstanden eher an mir vorbei.

Nein, besonders fromm war ich nicht. Und so blieb ich bei meiner Planung und meldete mich kurz vor dem Abitur in Paderborn im Leokonvikt *(dem mit dem „Zöli-Bad", einem eigenen Schwimmbad für angehende Priester)* und an der Theologischen Fakultät an.

Eines Morgens aber war da wie aus heiterem Himmel völlig unerwartet dieses klare, groß geschriebene Wort „NEIN" in meinem Kopf. Es gab keine Krise vorher, keinen Zweifel danach! Über Nacht hatte sich meine Welt um 180° gedreht. Jetzt war für mich ganz klar: Ich war nicht zum Priester berufen!

Nach meinem Wehrdienst ging ich nach Bonn, um mehr aus Verlegenheit als aus Überzeugung Theologie zu studieren. Schon bald wechselte ich ins Jurastudium, das ich nach sechs spannenden Semestern aber nicht mehr finanzieren konnte.

Eine Beratung beim Arbeitsamt (!) ermutigte mich zur Bewerbung für das Studium der Religionspädagogik, das ich im September 1988 in Paderborn beginnen konnte. Die damalige KFH (heute Katholische Hochschule NRW) war in den unteren Etagen des Priesterseminars untergebracht und so begegneten mir dort täglich die sich auf die Priesterweihe vorbereitenden Diakone, zu denen ich nach meinem ursprünglichen Plan beinahe auch gehört hätte.

Erst in diesem Studium erkannte ich, was mir mein früherer Vikar gut zehn Jahre zuvor hatte sagen wollen: Es wäre eine „fromme", aber keine reife Entscheidung für das Priesteramt gewesen, die Entscheidung zu einem zölibatären Leben wäre zu früh erfolgt; aber das hätte ich – wenn überhaupt – erst viel zu spät gemerkt.

Hier in Paderborn schloss sich so für mich ein Kreis und alles bis jetzt Erlebte ergab darin einen Sinn. Ich war in meiner Berufung angekommen; berufen zum Gemeindereferenten und (Notfall-) Seelsorger, Mitarbeitervertreter und Vorsitzenden im Berufsverband, Ehemann und Vater. Das ist also das Gepäck, mit welchem ich auf dem Synodalen Weg unterwegs bin. Es enthält nicht die Erwartung, am Ziel dieses Prozesses seien alle wichtigen Forderungen umgesetzt, das Weiheamt für Frauen erreicht und neue Formen gelebter Beziehungen lehramtlich akzeptiert.

Als Gemeindereferent im Erzbistum Hamburg mit bald 30 Jahren Berufserfahrung möchte ich aber daran mitarbeiten, unserer Kirche ihre letzte Chance zu geben, sich den brennenden Fragen unserer Zeit ernsthaft und ehrlich zu stellen, die drängenden Voten der Teilkirchen wahrzunehmen und mutig mehr auf christliche Schwarmintelligenz zu hören.

Mehr als ein halbes Jahrhundert lebe ich bewusst und engagiert in der katholischen Kirche. Das hat mich geprägt und mit zunehmendem Lebensalter vom unreflektierten Katholiken zu einem kritisch nachdenklichen Christen gewandelt, der in den letzten Jahren zunehmend fassungslos verfolgt, wie sich diese römisch-katholische Kirche immer deutlicher als den Machthabern dienend und nicht den Menschen zugewandt präsentiert.

Darin aber, im Dienst an den Menschen, liegt ihre eigentliche und einzige Existenzberechtigung. Eine Kirche, die das ernst nimmt, wird jetzt einen konsequenten und schmerzhaften Weg der Aufdeckung gehen, auf neue wissenschaftliche Erkenntnisse reagieren und diese vor dem Hintergrund ihrer eigenen Botschaft deuten. Sie wird zum Beispiel im Synodalen Weg aus den schlimmen Fehlern der Vergangenheit und Gegenwart lernen und den Weg in eine neue Glaub**würdig**keit finden.

Eine solche Kirche geht in der Zeit, nicht mit der Zeit; sie prägt den Zeitgeist, ohne ihm blind zu folgen.

Als ein großes Hindernis auf dem Weg zu echten Reformen wird vielfach das Bedürfnis nach weltkirchlicher Einheit gesehen. Damit aber lähmt sich die Kirche selbst; sie wird nicht zum Schrittmacher sozialer oder kultureller Fortschritte, sondern zum Bremsklotz, der Veränderungen mit dem Verweis auf unterschiedliche Sichtweisen in anderen Teilen der Welt ablehnt.

Diese Argumentationsschiene blockiert deshalb alle Entwicklungen zum Beispiel in Fragen der Geschlechtergerechtigkeit oder der Akzeptanz anderer Lebensformen als Ehe und Zölibat, die von der Kirche als Ideale beschrieben und den Menschen auferlegt sind. In den von Globalisierung und multikulturellen Sozialräumen geprägten Ländern und Kontinenten darf sich die Kirche dem Gedanken der *Einheit in Vielfalt* nicht länger verschließen. Sie muss sich von der weltweit gültigen Einheitlichkeit bestimmter Vorgaben lösen und regional differenzierte Schritte ermöglichen, wenn sie ihrem Anspruch, Kirche Gottes unter den Menschen zu sein, noch ernst nehmen will.

Verweigert sie sich diesem Prozess aber weiterhin so wie im zweiten Teil der im Sommer 2020 erschienenen

Instruktion zur Pastoralen Umkehr der Pfarreien, wird sie über-rollt von unaufhaltsamen Entwicklungen. Im Abseits verharrend verkümmert ihre Mission; sie erreicht nur noch diejenigen Menschen, die bereits hinter der alten Botschaft stehen. Übrig bleibt dann – zumindest in säkularer Umgebung – eine kleine Splitterkirche; eine „klerikal-katholikale Sekte", die nicht (mehr) überzeugend wirken kann.

Wer heute in der langen Geschichte unserer Kirche und ihrer sich immer wieder verändernden Theologie am Status quo festhalten will, der muss begründen, *wo*, *wann* und *warum* er den Punkt in diesem dynamischen Prozess setzen will, ab dem nichts mehr geändert werden darf.

Mit dieser Haltung des unbedingten Bewahrens müsste die Eucharistie konsequenterweise auf Polstern liegend gefeiert und dabei ungesäuertes Brot in der Konsistenz von Knäckebrot geteilt werden. Denn so haben es die Urchristen gehalten. Je nach sozial-kulturellem Umfeld haben dabei in der Regel verheiratete Hausväter oder möglicherweise auch Hausmütter die Worte Jesu gesprochen, die wir heute als Einsetzungsworte kennen.

Seitdem hat sich viel verändert in unserer Kirche! Deshalb muss sie sich auch jetzt und in Zukunft immer weiterentwickeln dürfen: Ecclesia semper reformanda!

Fahrt aufnehmen,
denn der Weg ist noch weit
und die Zeit drängt

Jan Hilkenbach, *1991, Brilon, Vorsitzender
des Diözesankomitees im Erzbistum Paderborn und
Vorsitzender des BDKJ-Diözesanverbandes
Paderborn, Mitglied des Zentralkomitees der
deutschen Katholiken, Mitglied der Synodalversammlung

Wenn ich auf den letzten Drücker losfahre, ist eine Zeitverzögerung auf dem Weg das Allerletzte was ich gebrauchen kann. Wer kennt das nicht? In unserer Kirche verhält es sich aus meiner Sicht ähnlich: Der Synodale Weg kommt auf den letzten Drücker und muss gerade deshalb trotz aller Widrigkeiten konsequent und zügig weitergegangen werden. Das Ziel ist klar: Eine glaubwürdige und erneuerte katholischen Kirche in Deutschland, wie es die Präambel der Satzung des Synodalen Weges beschreibt.

Ausgebremst – so fühlte ich mich zu Beginn des Corona-Lockdowns im Frühjahr 2020. Auf dem Synodalen Weg hatten wir gerade richtig Fahrt aufgenommen als die Pandemie die ganze Welt zu einer Vollbremsung zwang. Noch wenige Tage zuvor wurden mir bei mehreren Veranstaltungen in Gemeinden und Verbänden viele Ideen, Enttäuschungen, Fragen und Kritik mitgegeben. Mit so vielen Eindrücken im Gepäck fühlte ich mich gut gerüstet für diesen schwierigen und weiten Weg. Ich gebe zu, dass ich mit dem Synodalen Weg zunächst sehr gefremdelt habe. Was soll das sein? Kann das etwas bewirken? Wird das mehr als nur eine weitere Gesprächsrunde? Mit gemischten Gefühlen machte ich mich Ende Januar 2020 auf den Weg nach Frankfurt zur ersten Synodalversammlung. Was ich dort erlebte hat mir Mut gemacht, dass Veränderungen in unserer Kirche doch noch gelingen können. Die allermeisten Mitglieder der Synodalversammlung sind im Gespräch und im Gebet aufeinander zugegangen. Das ehrliche Miteinander, der respektvolle Umgang und das einander Zuhören waren ein guter Anfang für den „Weg der Umkehr und der Erneuerung", so noch einmal die Präambel. Die demokratische Abstimmung über die Verfasstheit der Synodalversammlung mit ihrer Satzung und der Geschäftsordnung war ein Novum. Ein guter Anfang - nicht mehr aber auch nicht weniger.

Nach der ersten Synodalversammlung hatte ich das Gefühl, dass mein Gepäck für diesen Weg noch etwas schwerer und größer geworden war. Für mich nicht ungewöhnlich, denn auf langen Wegen packe ich bei Zwischenstopps gerne noch nützliche Dinge hinzu. Nach den Tagen in Frankfurt sprachen mich viele Menschen, Gemeinden, Verbände und Gremien auf den Synodalen Weg an. Das begrüße ich sehr, denn ich bin mir sicher, dass der Synodale Weg nur dann gelingen kann, wenn wir ihm überall den notwendigen Raum geben. Synodalität ist eine Haltung, die überall in unserer Kirche gelebt werden muss. Gemeinsam diskutieren und hinhören. Gemeinsam beten und glauben. Gemeinsam gestalten und entscheiden.

Der Synodale Weg bekam neuen Schwung. Auch mein inneres Navigationsgerät hatte sich nun auf den Weg eingestellt. Und dann? Corona! Ausgebremst! Auch auf dem Synodalen Weg musste die Geschwindigkeit per Vollbremsung verringert werden und kurzzeitig kam es sogar zum Stillstand. In allen Lebensbereichen mussten wir uns neu sortieren und organisieren. Für viele ist die Pandemie mit größten persönlichen und gesundheitlichen Einschränkungen verbunden, die weiterhin anhalten und auf die sich auch Kirche noch mehr einstellen muss. Der Synodale Weg konnte mit den Regionenkonferenzen langsam wieder Fahrt aufnehmen.

Nicht alle der vier Themenforen konnten sich vor dem Lockdown im Frühjahr 2020 konstituieren. Die von Beginn an unterschiedliche Geschwindigkeit der Foren verschärfte sich durch Corona trotz digitaler Tagungsformen leider weiter.

Auch ich möchte auf dem Synodalen Weg Fahrt aufnehmen, denn der Weg ist noch weit und die Zeit drängt. Ich erlebe, dass viele Menschen zutiefst gekränkt und verletzt sind von ihrer Kirche. Wir verlieren reihenweise engagierte Gläubige, die über viele Jahre die Gemeindearbeit getragen haben. Als katholische Kirche in Deutschland müssen wir uns entscheiden, ob wir der Veränderung eine echte Chance geben oder ob wir im Ist-Zustand verharren. Für mich ist klar: Ich erwarte Antworten auf die drängenden Fragen und Verbindlichkeit mit Blick auf die Beschlüsse. Ich erwarte, dass wir dem Weg der Umkehr und der Erneuerung in seiner ganzen Konsequenz gehen. Das ist anstrengend und schmerzhaft, aber notwendig und unausweichlich.

Der Reformstau bei den Forenthemen beeinträchtigt meinen Glauben und meine Beziehung zur Kirche auch ganz persönlich. Manchmal hat der Glaube keine Chance mehr durchzudringen – so sehr der Glaube und ich mich auch bemühen. Wir sind verpflichtet die Themen mit all ihren Verletzungen und Widersprüchen zu bearbeiten, damit der Glaube wieder Luft zum Atmen bekommt und wieder durchdringen kann. Die frohe Botschaft braucht es mehr denn je. Viel zu lange wurden diese Themen in der innerkirchlichen Debatte ausgeklammert. Viel zu lange war die nicht erfolgte Bearbeitung ein entscheidender Risikofaktor für Machtmissbrauch bis hin zu geistlicher und sexualisierter Gewalt. Viel zu lange hat sich substanziell nichts verändert. Wir müssen Fahrt aufnehmen! Nicht der Synodale Weg ist das Ziel sondern eine glaubwürdige und erneuerte katholische Kirche in Deutschland!

Der Andere könnte Recht haben

Marcus Leitschuh, Kassel, *1972,
Rektor an einer Gesamtschule und Autor,
Mitglied im Zentralkomitee der deutschen
Katholiken und für den Katholikenrat
im Bistum Fulda in der Vollversammlung
des Synodalen Weges

„Synodalität bedeutet: Der Andere könnte Recht haben!" So definierte es Reinhard Kardinal Marx im September 2019. Eine Haltung, die heilsam sein kann. Synodalität setzt eine Gemeinschaft in Bewegung. Synodalität ist kein Egotrip. Keine individuelle Selbsterfahrung. Synodalität stellt nicht die eigene Meinung als non-plus-ultra über alles. Synodalität tut Not in einer Zeit der zunehmenden „Echokammern" und „Filterblasen". Soziale Medien und optisch professionell gestaltete Onlineangebote ohne redaktionelle Redlichkeit führen dazu, dass viele nur das lesen, was man eh schon wusste, glaubte, meinte oder ahnte. Ansichten werden auf unterkomplexen Seiten gelesen, die den eigenen Standpunkt bestätigen und vorgaukeln, es würde ganz viele Menschen mit dieser Meinung geben. Eigentlich seien es alle. Die eigene Meinung wird deshalb schnell zur Meinung der Mehrheit, als „des Volkes" oder „der Gläubigen" überhöht. Im nächsten Schritt werden vorschnell die eigene Haltung, die eigene liebgewonnene Art Liturgie zu feiern, die Lieblingslieder und der religiöse Kunstgeschmack zur einzig wahren katholischen Möglichkeit erklärt.

In einer immer vielfältiger werdenden Welt schimmert die Sehnsucht nach einfachen Antworten durch die Luken. Kritikerinnen und Kritiker des Synodalen Weges werfen dann rasch den Synodalen – übrigens auch den Priestern und Bischöfen – vor, nicht mehr katholisch zu sein. Sie meinen damit vor allen Dingen den römischen Zentralismus, der aber eben nur einen Teil des Wortes „römisch-katholisch" ausmacht. Beliebte Argumente gegen jede Veränderung sind, dass ein Blick in Katechismus, Dogmen und Enzykliken ebenso reichen würde für eine konkrete Ausgestaltung kirchlicher Lehre und Lebens, wie natürlich in die Bibel. Schnell ist ein Zitat gefunden, dessen historisch-kritische Relevanz man schlicht und einfach ausblendet. Am Ende folgt dann noch ein Basta-Papst-Zitat. Aber natürlich keines von Papst Franziskus. So weit geht die Liebe dann doch nicht und die Treue zum Papstamt hört da auf, wo er nicht die eigene Meinung lehrt. Was übrigens auch für das Bischofsamt gilt. Da wo es eigentlich nur recht katholisch wäre, dem Amt mehr zu folgen, als der Person, entlarvt sich die vorgespielte Treue dann doch schnell in eine konkrete inhaltliche Vorliebe.

„Die Welt, in der wir leben, ... verlangt von der Kirche eine Steigerung ihres Zusammenwirkens in allen Bereichen ihrer Sendung. Genau dieser Weg der Synodalität ist das, was Gott sich von der Kirche des dritten Jahrtausends erwartet." Das ist die Vision, welche Papst Franziskus als Antwort auf die Zeichen der Zeit für das dritte Jahrtausend bei der Feier des 50-jährigen Jubiläums der Bischofssynode 2015 formuliert hat. Ein Satz, den Kardinal Walter Kasper in seinem Vortrag zu „50 Jahre Limburger Synodalordnung" an den Anfang stellt. Synodalität sei „kein Prinzip der Neuzeit", so Kasper. Bereits der Bischof und Kirchenvater Johannes Chrysostomos aus dem 4. Jahrhundert habe festgestellt, dass „Synodalität der Name der Kirche sei". Er habe erkannt, dass, bevor von der Synode als einer Institution in der Kirche geredet werde, von der Kirche als Synode gesprochen werden müsse. Kardinal Kasper betonte in seinem Vortrag, dass Synodalität eben nicht die gelegentliche Versammlung der Bischöfe bedeute. Sie sei die „normale Daseinsweise und die alltägliche Lebensform der Kirche". Synodalität ist eben nicht nur

„synodos", die Versammlung. Es ist auch synodia, für „Reise-gesellschaft, Karawane" und oft Synonym für „Familie".

Synodalität ist auch keine modische Erfindung der Gegenwart. Die Bibel bezeugt die kollegiale Leitung und Debatte vieler Gemeinden. Persönliche Entscheidungen wurden insbesondere in Zeiten der Krisen gemeinsam verantwortet. Vom 4. Jahrhundert an wächst die Bedeutung synodaler Beratungen im überregionalen Raum. Streitfragen waren zu klären. Ergebnisoffen. Ohne vermeintliches „Ende-der-Debatte" aus Rom. Streitfragen übrigens, die weitaus bedeutsamer waren, als alle Forderungen auf dem Synodalen Weg.

Der Synodale Weg ist die letzte Chance, ein Signal auszusenden: Kirche ist kein Museumsförderverein. Glaube hat etwas mit dem Hier und Jetzt zu tun, das in ein „über uns" und „mehr als wir" geweitet wird. Und vor dem Hintergrund von Missbrauch und Ausgrenzung: Der menschliche Teil der Kirche überhöht sich nicht weiter selber. Er lernt. Liebt. Gesteht Schuld ein. Ist selbstbewusst genug, Reformen als Chancen zu sehen.

Mit dem Fragen beschäftigt sich auch eine jüdische Weisheit. Sie war der spirituelle Impuls während der Regionentreffen. „Am Anfang schuf Gott das Fragezeichen und legte es in das Menschenherz hinein." Am Anfang steht ein Fragezeichen. Das war nicht einfach so da, wurde von Gott geschaffen. Ein Fragezeichen erschaffen, das bedeutet: Ich will, dass nachgedacht wird. Ich will, das Fragen gestellt werden. Ich provoziere, damit hinterfragt wird. Ein Fragezeichen steht für Neugierde und einen wachen Geist. Gott legte das Fragezeichen in das Herz der Menschen. Er legt es nicht zum Daherplappern in den Mund. Es geht auch nicht einfach nur um ein intellektuelles Fragezeichen im Kopf. Das Fragezeichen soll seinen Platz im Herzen haben. Leben und Fragen, das gehört zusammen. Forscher haben herausgefunden, dass ein vierjähriges Kind pro Tag rund 400 Fragen stellt. Fragen bedeuten Entwicklung. Fragezeichen stehen für gutes Wachstum. „Am Anfang schuf Gott das Fragezeichen und legte es in das Menschenherz hinein." Es wartet darauf, dem Leben zu dienen. Konkret. In dieser Zeit. Der Papst mahnt in seiner Ansprache an die Italienische Bischofskonferenz 2017, das Christentum nicht „auf eine Reihe von Prinzipien zu verkürzen, denen es an Konkretheit fehlt. Dann verfällt man einem fleischlosen Spiritualismus, der die Wirklichkeit vernachlässigt."

Fragen stellen und Antworten suchen gehört deshalb zu den Kernaufgaben des Synodalen Weges. Wer unterwegs ist, der will Neues entdecken, der hat Lust auf das Fremde, der nimmt von seinen Begegnungen das beste mit. Genau dieses „gemeinsam Unterwegs sein" ist für Papst Franziskus in der erwähnten Ansprache an die Bischöfe „der konstitutive Weg der Kirche; das ist die Chiffre, die es uns ermöglicht, die Realität mit den Augen und dem Herzen Gottes zu deuten". Mehr noch: „Der synodale Atem und die synodale Gangart offenbaren zum einen, was wir sind, und zum anderen die Dynamik der Gemeinschaft, die unsere Entscheidungen beseelt. Nur unter dieser Perspektive können wir wirklich unsere Pastoral erneuern und sie an die Sendung der Kirche in der Welt von heute anpassen. Nur so können wir uns der Komplexität der heutigen Zeit stellen, dankbar für den zurückgelegten Weg und entschlossen, ihn mit *Parrhesia* fortzusetzen." Was im Griechischem so viel heißt wie Redefreiheit oder über alles sprechen können. Weil es zu unserem Grundgefühl gehört: Der Andere könnte Recht haben.

Sinnressourcen des Widerstands

Joachim Frank, *1965, Chefkorrespondent
der DuMont-Mediengruppe,
Mitglied im Synodalforum I

Die folgende Szene spielt im sonnigen Süden. Ein prominenter Kirchenmann ist ausgesprochen verärgert: der Zeitgeist, der weltanschauliche Pluralismus, die religiöse Indifferenz! Dagegen muss dringend etwas gesagt werden. Und wenn es sonst keiner tut, dann eben er.

So initiiert der Kirchenmann eine Reihe von Dialogveranstaltungen, Gespräche mit Anders- und Nichtgläubigen über die Relevanz des christlichen Glaubens. Der Erfolg: durchwachsen. Die Reaktionen schwanken zwischen offener Ablehnung, Häme, akademischer Neugier, aber auch echtem Interesse. Und so verzeichnet die zuständige Kircheneintrittsstelle am Ende den einen oder anderen Neuzugang. Die kircheneigenen Medien berichten recht ausführlich und prominent über den gesamten Vorgang.

Der Protagonist dieses Geschehens ist der Apostel Paulus. Nachzulesen ist das Ganze im 17. Kapitel der Apostelgeschichte. Als „Areopag-Rede" hat der Auftritt des Paulus in Athen Kirchen- und Theologiegeschichte geschrieben. Die Übertragung auf heutige Verhältnisse gelingt erstaunlich leicht – bis hin zu der Feststellung, dass offenbar schon die Bürgerschaft des antiken Athen von typischen Phänomenen der modernen Mediengesellschaft affiziert war: „Alle Athener und die Fremden dort taten nichts lieber, als die letzten Neuigkeiten zu erzählen oder zu hören." (Apg 17,21)

Wenn die Kirche heute auf die Straßen und Plätze, in Foren und Chatrooms geht, um „das Evangelium von Jesus und von der Auferstehung zu verkünden" (Apg 17,18), dann ist sie in einer entscheidender Hinsicht dennoch in anderer Lage als der Völkerapostel Paulus, der von den Menschen seiner Zeit gefragt wurde: „Können wir erfahren, was das für eine neue Lehre ist, die du vorträgst?" (Apg 17,19)

2000 Jahre Christentumsgeschichte später tritt die Kirche in ihrer Areopag-Situation nicht mehr mit etwas Fremdem und Unbekanntem an. Ihre Botschaft ist wohlvertraut als Teil einer großen kulturellen Überlieferung, aber inzwischen zugleich weit hinausgerückt aus dem Leben der säkularen Gesellschaft, vielerorts vergessen oder auch verdrängt. Jedenfalls ist die christliche Verkündigung in unseren Breiten nichts aufregend Neues mehr, sondern eher ein (vermeintlich) alter Hut. Und nicht zuletzt hat das Erscheinungsbild der Kirche mit ihren Skandalen dazu geführt, dass ihr Wort die gleiche Reaktion erfährt wie Paulus auf dem Areopag: „Darüber wollen wir ein andermal mehr von dir hören." (Apg 17,32)

So manches, was die Kirche der Welt um sie herum heute sagen möchte, will diese Welt überhaupt nicht mehr hören. Der Frankfurter Theologe Knut Wenzel vermutet, dass das weniger mit den Adressaten zu tun hat als mit der Absenderin. Eine Kirche, schreibt Wenzel in einem Sammelband zum „Theologenmemorandum" von 2011, die selbst so wenig Hör- und Lernbereitschaft zeigt in Bezug auf Errungenschaften der Welt, in der sie lebt, wird zu einem Fremdkörper. „Man erteilt einer Zeit keine Lektionen, man hat ihr nichts mitzuteilen, man kommuniziert nicht mit ihr, wenn man ihre Standards krass unterbietet", so Wenzel.

Auch das gehört zur Areopag-Situation der Kirche heute. Der Synodale Weg ist ein Versuch, das von Wenzel angesprochene Gefälle auszugleichen.

Schon in der ersten Synodalversammlung Anfang 2020 und den folgenden Diskussionen hat sich zweierlei gezeigt: Zum einen dringt eine übergroße Mehrheit der Delegierten auf Reformen, während eine kleine, stabile Minderheit sie ablehnt. Zum anderen fahren sich die Debatten ein ums andere Mal fest in einem (behaupteten) Widerspruch zwischen dem Primat der Evangelisierung und der angeblich sekundären Bedeutung von Strukturreformen – oder in der Absteckung von Reservaten kirchlicher Lehre und Tradition, die keiner Veränderung zugänglich seien. Auf der Suche nach den Wortführern kann man es mit der Schluss-Einstellung des Filmklassikers „Casablanca" halten und Capitaine Louis Renaults sprichwörtlicher Anweisung: „Verhaften Sie die üblichen Verdächtigen!"

Als die üblichen Verfechter jener Erneuerungen, die auf dem Synodalen Weg nicht erfunden, sondern nach mehr als 40 verlorenen Jahren des Reformstaus nur mit neu erkannter Dringlichkeit formuliert werden, ließen sich leicht die Theologinnen und Theologen der katholischen Fakultäten, aber auch die im „Zentralkomitee der deutschen Katholiken" zusammengeschlossenen Verbände und Organisationen ausmachen – jene „Funktionärskatholiken", gegen die dann so gern frei flottierende Gläubige charismatischer Prägung oder neue geistliche Gemeinschaften in Stellung gebracht werden.

Jedoch kann es aufmerksamen Beobachtern aller bisherigen Versammlungen und Konferenzen des Synodalen Wegs nicht entgangen sein, dass die entschiedensten Voten für Reformen auf den vier vom Synodalen Weg beschrittenen Handlungsfeldern von Mitgliedern aus den Orden kamen. Wenn man nicht auch ihnen, die ihr ganzes Leben am Charisma und an den Intuitionen großer Gründergestalten wie Benedikt von Nursia, Franz von Assisi oder Ignatius von Loyola ausrichten, geistliche Ermüdung, Verkrustung oder Erstarrung vorwerfen will, dann könnten die Ordensleute doch sehr wohl so etwas sein wie der charismatische Stachel im institutionellen Fleisch der Kirche.

Die Ordensfrauen und -männer auf dem Synodalen Weg wären dann Vertreter jener „Kontrastgesellschaft", die die Kirche als Ganze im Verständnis so manches ihrer Repräsentanten gerne wäre, aber nicht sein kann. Als verfasste Gemeinschaft ist sie, gerade in Deutschland mit Kirchensteuer-Regime und vielfältigsten Verflechtungen zwischen Staat und Kirche, viel zu sehr „in der Welt" – was hier weniger im Sinne des Johannes-Evangeliums denn im Sinne der Heideggerschen Kategorie des „in-der-Welt-sein" zu lesen wäre: als eine fundamentale, nicht hintergehbare Existenzbestimmung.

Die Orden dagegen bewahren das Motiv einer Differenz. Sie halten in der (verbürgerlichten) Kirche eine Leer-Stelle offen, nicht in feindseliger Abwendung, sondern in einem geneigten Gegenüber – zweckfrei, absichtslos, ungebunden und ungebändigt vom weltlich, allzu weltlichen Gefüge. Das schafft ungeheure Freiräume – auch für freies Denken und freie Rede in der Kirche. Von dieser „parrhesia" der Delegierten aus den Orden kann der Synodale Weg lernen und profitieren.

Dass die Corona-Pandemie für die Kirche zum Lernort, zur Problemanzeige und zum Konturenschärfer geworden ist, steht außer Frage. „In keiner einzigen Talkrunde habe ich Kirchenvertreter und Theologen erlebt", konstatiert der Kölner Theologe Hans-Joachim Höhn in einem Vortrag in der Kölner Karl-Rahner-Akademie unter dem Titel „Angesteckt oder immun? Lernen aus Corona – Konsequenzen für die Kirche" (Oktober 2020). „Einen Expertenstatus haben sie in der Coronakrise nicht. Ein relevanter Beitrag zu ihrer Überwindung wird von ihnen offenkundig nicht erwartet." Umgekehrt, so Höhn weiter, wurde die von Theologen ansonsten häufig bemühte Kompetenz zur „Deutung der Zeichen der Zeit" angesichts eines pandemischen Zeitzeichens auch nicht unter Beweis gestellt.

Für die Regionalkonferenzen des Synodalen Wegs im September 2020 haben die Theologen Gregor Maria Hoff (Salzburg), Julia Knop (Erfurt) und Thomas Söding (Bochum) – alle drei Beteiligte am Synodalforum I „Macht und Gewaltenteilung in der Kirche" – ein Impulspapier verfasst, das Folgerungen aus der Corona-Krise für den Synodalen Weg formuliert. Darin heißt es unter anderem: „In der Pandemie wird klar, was Menschen wichtig ist. Sie offenbart auch, woraus Institutionen und Gesellschaften leben. In einer Krise wie der Pandemie zeigt sich, wer Lebensressourcen anzubieten hat, sei es in medizinischer und mentaler, sei es in technologischer und ökonomischer, sei es auch in religiöser, in ethischer und spiritueller Hinsicht ... Der Auftrag der Kirche besteht darin, die befreiende Botschaft vom nahen Gottesreich zu verkünden. Dieses Evangelium muss erfahren werden, damit es geglaubt werden kann. Menschen müssen erleben können, was es heißt, mit der unbegrenzten schöpferischen Lebensmacht Gottes in Kontakt zu kommen."

Sowohl dem (impliziten) Negativ-Befund mit Blick auf die Wahrnehmung des kirchlichen Angebots an Lebensressourcen, als auch der Positiv-Bestimmung einer erfahr- und erlebbaren Heilszusage ist ausdrücklich zuzustimmen. Und Knops Warnung vor einem „Retrokatholizismus" mit regressiven Versatzstücken in Verkündigung und frommer Praxis wäre besser gut bedacht als schlechtgemacht.

Knut Wenzel nimmt Knops Kritik in einem Beitrag für die „Frankfurter Rundschau" (18. August 2020) auf. In seinem Essay wendet er sich angesichts eines (Über-)Angebots an gestreamten Gottesdiensten aus Kathedralen, Domen und Kapellen gegen „die online-Auferstehung der Kirchen im Bild ihres notorischen und nun auch offenkundig absurden Klerikalismus. Der Papst zur Osternacht allein im Petersdom – braucht es mehr als solch ein niederschmetterndes Bild?"

Doch auch hier wird die Leer-Stelle zum Ort einer Erwartung – mit Wenzels Worten: „Als formte sich ein stummes Verlangen, eine schweigende Erwartung: dass die Pandemie in den Horizont Gottes gerückt werden würde. Nicht, dass in Zeiten der Not eine säkulare Gesellschaft wieder fromm werden würde. Doch auch sie mag das ihr vielleicht selbst nicht erklärliche – und dennoch legitime – Bedürfnis entwickeln, eine große Katastrophe in einem umfassenden, einem umfassenderen Zusammenhang zu sehen."

Wenzel unterbreitet den spannenden und im doppelten Sinn des Wortes geist-reichen Vorschlag an die Theologie, aber gewiss auch an die kirchliche Verkündigung, „die säkulare Öffentlichkeit nicht als Publikum der eigenen Selbstinszenierung zu beanspruchen, sondern einen Beitrag zu ihrer Selbstverständigung zu erbringen". Dabei verbiete es die „theologische Diskretion sowohl gegenüber den in der Pandemie Leidenden als auch gegenüber Gott, ... die Krise zu nutzen, um den Gottesgedanken zu promoten, in der Regel als Demütigung der Menschen in ihrer Selbstachtung".

Den erwähnten Beitrag sieht Wenzel auf eine eigene, ihrerseits sehr diskrete Weise in einer Spurensuche aporetischen Denkens von Martin Luther bis Paul Ricoeur oder Edward Schillebeeckx. Es ist hier nicht der Ort, dies näher zu entfalten. Aber die Frage der Theodizee, wie sinnloses Leid und behaupteter Sinn der menschlichen Existenz ins Verhältnis gebracht werden könnten, regt auch auf dem Synodalen Weg zu einer Tiefenbohrung in jene Schichten des Glaubens und der christlichen Überlieferung an, über denen der laufende Reformprozess seine Bahnen zieht: An Gott zu glauben wird – so Wenzel im Anschluss an Ricoeur – „durch die Erfahrung sinnlosen Leids zugleich unmöglich und notwendig. Unmöglich wird die Unterstellung eines immer schon gegebenen Sinns; notwendig wird die Offenheit für einen vielleicht, wer weiß, doch noch sich einstellenden Sinn."

Wenzels schon erwähnter Kölner Kollege Hans-Joachim Höhn empfiehlt entlang einer „coronären" Metaphorik die Stärkung unseres „kulturellen Gesundheitssystems". Es sei dringend darauf angewiesen, dass Zerreißproben menschlichen Miteinanders und Geduldsproben der Hoffnung auf ein Ende der Krise bestanden werden. „Dafür braucht es Sinnressourcen des Widerstandes gegen Defätismus und Resignation. In diesen Tagen schiebt sich eine ebenso existenzielle wie religiöse Sinnfrage in den Vordergrund: Wie kann man Ja zum Leben sagen, wenn es im Leben zu viel gibt, zu dem man ohne Wenn und Aber Nein sagen muss? Das Christentum behauptet, für ein Ja im Angesicht des Nein gute Gründe zu haben. Es ist höchste Zeit, diese Gründe zu benennen und für ihre Überzeugungskraft ausdrucksstarke Zeichen zu setzen."

Aber hat das denn wirklich mit den Anliegen des Synodalen Wegs zu tun? Dort wegen Fragen von scheinbar ganz anderer Qualität diskutiert: Wie ist die Macht in der Kirche verteilt? Wie werden Lebensform und Dienst der Priester künftig gestaltet sein? Werden Frauen gleichberechtigten Zugang zu Diensten und Ämtern der Kirche erhalten? Wie leben Katholikinnen und Katholiken Sexualität in gelingenden Beziehungen?

Höhns Wort von der Überzeugungskraft weist den Weg, auf dem beides zusammenkommt. Überzeugenden, tragfähigen, glaubwürdigen und weg-weisenden Beiträgen der Kirche heute steht gemäß der leitenden Prämisse des Synodalen Wegs ein „Systemversagen" der Kirche entgegen, das – so die leitende Prämisse des Synodalen Wegs – nicht nur ihr institutionelles Gefüge erschüttert, sondern auch den Glauben an die Frohe Botschaft erschwert, ja verhindert.

In einem rhetorischen Lassowurf macht Michael Karger (die-tagespost.de, 9. Oktober 2020) die „pauschale Rede vom ‚Systemversagen'" als Kernbegriff einer

„Synodenstrategie" aus, die „letztlich den Interessen der Moderne dient, für die es keine Wahrheit, keinen Gott, keine Menschwerdung Gottes und auch keine sakramentale Kirche gibt".

Das klingt dramatisch, ist aber nichts anderes als bösartig. Denn zusammen mit der Moderne wird auch die Synodalversammlung in ihrer Grundausrichtung zu einer gottlosen Veranstaltung deklariert. Fragt man, welche Wahrheit und welcher Glaube demgegenüber vor Kargers gestrengem Gericht Gnade und Gutheißung fände, stößt man auf einen erstaunlichen Reduktionismus: „Glaube als ein Übereignetwerden in das Wir der Kirche als die einzig mögliche Weise des Gleichzeitigwerdens mit Christus."

Selbst in dieser ekklesialen Apodiktik bleibt freilich offen, warum die Revision der kirchlichen Sozialgestalt und ihrer Lehren ein – mit Karger – antichristliches Unterfangen sein sollte. Beides, Lehre und Leben der Kirche, müssen sich notwendig bewähren in ihrer Übersetzungsleistung für das Evangelium als „Wort des Lebens", in ihrer Dienstbarkeit für Gottes Wort und in ihrer Tauglichkeit für das Leben der Menschen. Ohne diese immer wieder neu zu erfüllende Aufgabe gliche die „Ecclesia semper reformanda" einem Spediteur, der sein Transportgut für so großartig hält, dass er beim Fuhrpark auf Wartung und Reparatur verzichtet und auch einen Routenplaner für überflüssig hält.

Die Fuhrmänner und -frauen auf dem Synodalen Weg werden diesen fatalen Denk-, Glaubens- und Lebensfehler hoffentlich zu vermeiden wissen.

Kapitel 9

Ante portas –

Impulse von „vor den Toren"

Regionenkonferenz Dortmund
Copyright: Synodaler Weg/Besim-Mazhiqi

Dreht sich der Synodale Weg nicht zu sehr um sich selber? Ist „etwas" zu erwarten, wenn so viele kirchliche Hauptamtliche darin eingebunden sind? Geht es zu sehr um Strukturen und Themen, die allgemein nicht von Interesse sind? Der Weg spielt sich nicht nur in der Synodalaula ab. Viele Menschen in den Kirchengemeinden, Verbänden und Gruppen zeigen Interesse. Ihre Gedanken, Verletzungen und Erfahrungen (Mönkebüscher) müssen gehört werden. Die Bewegung „Maria 2.0" konfrontiert die Teilnehmenden mit Fragen und Forderungen. Es sei „unerträglich", den wachen Verstand „an der Kirchentüre abgeben zu sollen" (Kötter). Eine lange Wegstrecke kritischer Begleitung resümiert „Wir sind Kirche" (Ludewig/Weisner).

Der Vergleich zur Synode in Amazonien schließlich eröffnet einen Kontext, der zu den „aktuellen brennenden Herausforderungen der Menschheit" (Silber) die ganzheitliche Umkehr fordert, die Papst Franziskus zur Amazonassynode als Herausforderung benennt.

Die Verletzungen achten

Bernd Mönkebüscher, *1966,
Pfarrer in Hamm, Autor

2022 sind es dreißig Jahre.

Als ich 1992 zum Priester geweiht wurde, hatte ich Ideale. Ich wollte Menschen im Glauben stärken. Ich hatte die Hoffnung, unser Glaube könne Halt verleihen. Wenn ich die Ausbildung nicht gänzlich falsch verstanden habe, wurde uns die Rolle des „Spenders", des „Gebenden" beigebracht und übertragen. „Mission" im alten Stil.

Im Lauf der Zeit kamen zumindest sprachlich andere Akzentuierungen hinzu: Gott ist längst da und am Werk, bevor wir als Kirche kommen. Wir sind eher Glaubensentdecker*innen, die gemeinsam nach dem Wirken und Willen Gottes ausschauen, die zusammen versuchen, sein Wort zu verstehen.

Ich finde den Gedanken faszinierend – und muss ihn doch lernen. Denn natürlich wollte ich als Vikar damals, will ich als Pfarrer heute gestalten, Schwerpunkte setzen. Und ich möchte natürlich Früchte sehen und ernten. Wer hört nicht gern: das hast du gut gemacht, das hat mir geholfen, das hat mich weiter gebracht, da hast du mir was gegeben.

In diesen vergangenen drei Jahrzehnten ist die Identifikation der Menschen mit der Kirche nicht gewachsen – im Gegenteil. Große Austrittszahlen, eine sich ändernde Glaubenspraxis. Alljährlich berichten die Zeitungen zu den großen Festen, wie wenig „Gläubige" noch an die Auferstehung glauben, wie viele Deutsche das Weihnachtsevangelium für ein Märchen halten.

Ich lerne: der von den Kirchen verkündete sonntägliche Glaube erreicht in seiner Sprache – geschweige denn in seiner Bedeutung – immer weniger Menschen, zahlenmäßig und auch inhaltlich. „Kirche verreckt an ihrer Sprache", bringt es Erik Flügge auf den Punkt. Wir reden über Dinge, die die Menschen nicht verstehen. Ich auch nicht.

Zum Beispiel: Geboren aus der Jungfrau Maria. Just in der Zeit meiner Ausbildung versuchte Eugen Drewermann eine mir verständliche, mich ansprechende Auslegung dieses Glaubenssatzes. Deutlich sagt(e) er: es geht hier nicht um eine Frage der Biologie oder der Historie, es geht darum, wem sich all die verdanken, die sich als Gotteskind verstehen. Sie sind von der Erde *und* vom Himmel. Kein Leben ist ohne den göttlichen Lebenshauch. Gott und Mensch, göttliches Wirken *und* menschliches Tun kommen zusammen. Oder ganz einfach: ein Mensch ist nicht nur Produkt seiner Eltern, seiner Zeit und Geschichte. In jedem Menschen lebt ein unbegreifliches „mehr", das wir mit Gott in Verbindung bringen.

Damals gab es eine große Auseinandersetzung. Die Lehrerlaubnis wurde ihm entzogen, weil Drewermann sagte: mit dem eingetrichterten Glauben einer biologischen Jungfrauengeburt kommt der Glaube im Heute nicht mehr an, er wird erst lächerlich, dann belanglos. Aber man kann aus den alten Sätzen und Geschichten Erfahrungen herausholen, die Menschen verstehen. Sind wir noch bei lächerlich oder schon bei belanglos?

Die Auseinandersetzung jedenfalls ist bis heute nicht gelöst. Wiederholen wir ständig nur Glaubenssätze und drucken sie auf Hochglanzpapier, oder fragen wir, wie wir sie so formulieren, dass sie *mein* Leben, *meine* Zeit betreffen? Buchstabentreue oder vom Menschen heute ausgehend?

Für mich liegt auf derselben Linie die Frage nach der Rolle der Frau in der Kirche. In einem Videostatement aus dem Bistum Essen brachte es Anfang September 2020 eine 35-jährige Geschäftsführerin auf den Punkt, wenn sie sagt: in der Gesellschaft bin ich voll anerkannt, stehe meine Frau, habe eine leitende Position; in der Kirche darf ich es nicht. Wie geht das zusammen?

Was ist das für ein Gott, dem wir glauben: einer, der den geschlechtlichen Unterschied für maßgeblich hält für Ämter und Dienste? Ich verstehe jede (und jeden!), die das nicht versteht.

Wollen wir Kirche in einer Gesellschaft sein, die an verschiedenen Stellen christlicher ist als die Kirche selbst? Wenn Paulus sagt, nicht mehr männlich und weiblich zählt, sondern das eins sein in Christus, dann lebt eine Gesellschaft christliche Werte, wenn sie nicht auf das Geschlecht schaut, sondern auf die geistige Gesinnung, auf die Ideale, auf das Können.

Reden wir also im Rahmen des Synodalen Weges über Themen, die Menschen auf der Straße schon lange nicht mehr beschäftigen? Gleichgeschlechtlich Liebende finden in einem Lied von Sarah Connor (Vincent) mehr Verständnis, mehr Orientierung als in der kirchlichen Lehre, die Zeitgeschichtliches historisch kritisch immer noch nicht zu berücksichtigen vermag, da können im übrigen Theolog*innen schreiben, was sie wollen.

Ich bin davon überzeugt: solange Menschen in dem, was sie zutiefst betrifft, in ihrer sexuellen Orientierung, in ihrer sexuellen Identität keine Wertschätzung erfahren, solange ihnen immer noch vermittelt wird: du darfst so sein aber nicht so leben, oder: nur weil du Frau bist, ist dir das Weiheamt verschlossen, solange das, was uns zutiefst ausmacht, als defizitär angesehen wird, hat es Kirche schwer, den Menschen zu erreichen. Wirklich gutes soziales Engagement, eindeutige Statements des Papstes, wie etwa die Aussage, dass schon der Besitz von Atomwaffen unmoralisch ist, seine umweltpolitischen Reden werden kaum von den Medien aufgegriffen, geschweige von den Menschen wahrgenommen. Sie kommen einfach nicht an, weil anderes im Weg steht.

Ich glaube immer noch, dass unser Glaube Halt gibt. Denn er speist sich aus Geschichten, die Menschen aufatmen lassen. Die Geschichte vom barmherzigen Samariter etwa, in der Jesus einen Menschen und sein Handeln als vorbildlich hinstellt, der nicht dem auserwähltem Volk Israel angehört. (Wie später eine Kirche, die sich auf denselben Jesus beruft, dazu kommt, zu sagen, dass außerhalb der Kirche kein Heil sei, ist mindestens ein Rätsel, aber eigentlich auch einer von den Sätzen, die dringend einer Korrektur und einer Entschuldigung bedürfen.) Und um das ganze wirklich scharf zu machen, lässt Jesus den barmherzigen Samariter noch in Abgrenzung zu einem Priester und Leviten auftreten. Oder die Geschichte von der Ehebrecherin, die Männer als Sündenbock vorführen wollen, vielleicht, um ihr eigenes Handeln exemplarisch zu steinigen ..., wer weiß. Großartig, wie Jesus agiert, wenn er im Grunde sagt: seid ihr besser?

Das sind Geschichten, die mich tragen, die es sich lohnt, weiter zu erzählen.

Vielleicht ist das Problem der Kirche, dass sie zu viele Doppelbotschaften hat. Ganz ausdrücklich und beispielhaft im Umgang mit homosexuellen Menschen. Dass sie so sind, dafür können sie nichts, deshalb sollen alle anderen ihnen mit Takt (und Mitleid!!!) begegnen; aber leben, wie es ihrer Natur entspricht, dürfen sie nicht. Wir brauchen kein Mitleid; das eigene Leid genügt schon: Minderheit zu sein, anders als die meisten, es lernen, zu sich zu stehen. Wir brauchen einen, der (wie Jesus in dem Kind) Minderheiten in die Mitte stellt.

Ich glaube, viele sind sehr feinfühlig für die Diskrepanz zwischen der Botschaft Jesu und der Botschaft (und dem Handeln) der Kirche. In meiner Schulzeit hieß das: Jesus Ja, Kirche Nein. Nie hätte ich gedacht, dass sich dieser abgegriffene (und darum offensichtlich viel genutzte) Slogan hält.

Mich schmerzt das. Denn ich bin weiterhin Priester in dieser Kirche, weil ich sie immer noch stark mit Jesus in Verbindung bringe. Vielleicht liegt der Schmerz in dem Lernprozess, unausgesprochene Gleichungen aufzulösen, als hätte Kirche automatisch das ausschließliche Monopol des Christseins. Christsein geht ohne Kirche. Glauben geht ohne Kirche. Oder ich definiere Kirche anders (oder so, wie es Jesus möglicherweise gedacht hat): als die Zusammenkunft von Menschen, die Gott ruft. Und Gott ruft nicht nur (durch) kirchliche Würdenträger.

Ja, mit solchen und ähnlichen Fragen kann man sich beschäftigen, streiten, ringen, Zeit verbringen. Es geschieht in den Foren. Aber bitte: niemand kann sagen, jetzt sind mal Fragen auf dem Tisch. Oder: *jetzt* müssen wir uns mal auseinandersetzen. Die Fragen sind doch schon lange auf dem Tisch. Jahrzehnte. Biblisch gesehen Jahrtausende. Variationen eines einzigen Themas: welche Erfahrungen haben Menschen mit Gott? Gehen wir vom Menschen aus, von der Wirklichkeit, die mir begegnet, oder von dem, was manche für sich durch besondere Gnade beanspruchen? Was ich von Jesus lese und verstehe, finde ich eindeutig. Er geht vom Menschen aus, wird selbst Mensch ..., tut sich mit niemandem schwerer als mit „der Kirche seiner Zeit".

Manchmal erwische ich mich dabei, dass ich denke: nein, immer noch dieselben Fragen, immer noch dieselben Antworten, die davon ausgehen, dass die geweihten Männer – salopp gesagt – mehr vom Heiligen Geist haben, und darum eher wissen, was Gott gewollt ist.

Wir leben in arg herausfordernden Zeiten. Das Frühjahr 2020 hat alles durcheinander gewirbelt. Corona. Die Särge von Bergamo und anderswo. Die Angst. Die Distanz. Die Isolation. Die unmöglichen Abschiede von Toten, keine Besuche in Krankenhäusern. Gottesdienste hinter verschlossenen Türen. Fragen nach Leben und Tod. Keine Umarmungen.

Kein Händedruck. Kein Feiern. Wirtschaftliche Not. Wenn uns das nicht nötigt, anders Kirche zu sein, was dann? Im Kontext einer solchen Erfahrung können wir nicht an dem anknüpfen, was im Februar 2020 abgebrochen wurde. Stellen sich nicht viel radikalere Fragen?

Corona konzentriert wie ein Brennglas, manches erscheint jetzt glasklar, was vorher eigentlich auch schon sichtbar war. Kaum jemand wird noch abstreiten, dass sich jetzt kirchlich gesehen in kürzester Zeit Dinge verändern, verändert haben, die sonst 20 und mehr Jahre gebraucht hätten.

Dies wäre eine der radikalen Fragen:

(Nicht nur) wenn es auf Leben und Tod geht, spielt es keine Rolle, ob mir eine Frau, ein Mann, ein Schwuler oder ein Transgender die Hand reicht, Hilfe und einen Schluck zu trinken gibt, denn einzig das Menschsein zählt. (Selbst ein suspendierter oder laisierter Priester darf, wenn es um Leben und Tod geht, etwa die Beichte hören.) Geht es in unserem Glauben nicht immer um Leben und Tod, um Tod und Auferstehung?

Andere radikale Fragen bringe ich ins Gebet:

Ich denke an F.

F. war vor einigen Jahren bei mir und erzählte mir seine Geschichte.

Er liebt seine Frau und ist schon lange verheiratet. Aber F. hat ein Geheimnis.

Wenn seine Frau außer Haus ist, schlüpft er in Frauenkleider. Er kann es nicht erklären und schämt sich gewaltig dafür. F. kann sich niemandem anvertrauen, und hat Angst, dass es seine Frau irgendwie erfahren könnte.

Ich konnte ihm nur zuhören und vertraue darauf, dass F. Dir zugehört.

Ich denke an L.

L. hat schon jahrelang eine Beziehung mit einem Priester.

Sie leidet, weil sie ihre Liebe nicht zeigen können, weil sie sich immer verstecken müssen.

Alles müssen sie genau planen, damit niemand ihr Geheimnis entdeckt. Schon gar nicht ihre gemeinsame Tochter. Sie darf nicht wissen, wer ihr Vater ist. Die beiden kämpfen, es kostet sie so viel Kraft.

Das kann doch nicht in Deinem Sinne sein.

Ich denke an P.

Ein Mailkontakt. P. hat ebenfalls ein Geheimnis.

Obwohl er mit seiner Frau schon über dreißig Jahre glücklich verheiratet ist, weiß er, dass er auch Männer liebt. Er kann sich kaum im Spiegel sehen. Er sieht sein ungelebtes Leben.

Er möchte seine Frau keineswegs verletzen und leidet.

Lass P. spüren, dass er sich vor Dir nicht schämen muss.

Ich denke an S.

Ihr Mann hat sich das Leben genommen.

Nachmittags hat man ihn noch gesehen, wie er im Baumarkt war, einen großen Schlauch gekauft hat. In der Nacht hat er sich mit Autogasen vergiftet. S. hat nichts gewusst. Hätte sie ihren Mann halten können? Wie hält sie es aus, an seiner Seite gelebt zu haben, ohne dass er sich in seinem Schmerz ihr anzuvertrauen vermochte?

Gib ihr Kraft und ihren Mann schließ in Deine Arme.

Ich denke an M.

M. ist sterbenskrank und erzählt, dass er vor einigen Jahren seine Freundin zu einer Abtreibung überredet hat. Er hatte damals gerade nach einem Berufswechsel wieder Fuß gefasst. Jahrelang lebt er mit diesem Geheimnis. Ich sitze an seinem Sterbebett. Ich kann nur seine Hand halten und hoffen, dass er Erleichterung findet.

Wie schwer ist es, Dich grenzenlos gütig zu glauben. Es nimmt nicht den Schmerz, aber umfängt doch irgendwie.

Ich denke an G.

G. wurde von ihrem Vater missbraucht. Ihr glaubt niemand.

Für alle anderen ist sie komisch, eine Nestbeschmutzerin. Ihre Mutter lebt noch. Sie weiß alles, sie hatte sich sogar damals entlastet gefühlt. Aber sie spricht nicht darüber. Sogar für sie ist G. komisch.

Steh G. bei.

Ich denke an R.

R. hat sich das Leben genommen. Mit 20 Jahren. Er hat darunter gelitten schwul zu sein.

Niemand wusste es. Im Nachhinein kristallisierte es sich heraus. Und sein Abschiedsbrief verriet es. Als er merkte, wie er ist, wurde es ihm immer unerträglicher. Seine Scham war zu groß. Und seine Angst, verstoßen zu werden.

Lass ihn aufleben bei Dir.

Und da gibt es noch so viele andere, die etwas mit sich tragen, was sie niemandem sagen können. Die vielen Lebens- und Leidensgeschichten. Worum soll ich bitten, was Du tun sollst? Ist es doch an uns, zu tun: aufmerksam sein, liebevoll, gütig. Verstehen statt Verurteilen.

Mach uns zu Christen.

Dienst an der Weltkirche

Susanne Ludewig, *1965, Romanistin,
Pflegedienstleiterin in der Altenpflege,
Wir sind Kirche-Bundesteam, Kassel

Christian Weisner, *1951, Stadtplaner i.R.,
Mitinitiator des KirchenVolksBegehrens
1995 in Deutschland,
Wir sind Kirche-Bundesteam, Dachau

„Man kann die Lehre nicht bewahren, ohne ihre Entwicklung zuzulassen. Man kann sie auch nicht an eine enge oder unveränderte Auslegung binden, ohne den Heiligen Geist und sein Handeln zu demütigen." So sagte es Papst Franziskus im Oktober 2017 anlässlich der Gedenkfeier zum 25. Jahrestag der Veröffentlichung des Katechismus.

Langer Weg zum Synodalen Weg

Als 1995 nach den Vorwürfen sexualisierter Gewalt gegen den Wiener Kardinal Hans Herman Groër das Kirchen-VolksBegehren „Wir sind Kirche" zunächst in Österreich und dann in Deutschland gestartet wurde, untersagten noch 16 von 27 deutschen Bischöfen, Unterschriften dafür zu sammeln. Jetzt entsprechen die Synodalforen des „Synodalen Weges" genau den ersten vier Punkten des KirchenVolksBegehrens: „Aufbau einer geschwisterlichen Kirche", „Volle Gleichberechtigung der Frauen", „Freie Wahl zwischen zölibatärer und nicht-zölibatärer Lebensform" und „Positive Bewertung der Sexualität". Der fünfte Punkt „Frohbotschaft statt Drohbotschaft" kann durchaus als Entsprechung der Evangelisierung gedeutet werden, die Papst Franziskus auch beim „Synodalen Weg" immer

wieder anmahnt. Denn solange nicht die Themen des Synodalen Weges wirklich bearbeitet werden, werden alle noch
so gut gemeinten Bemühungen der Evangelisierung ins
Leere laufen.

Nach der Aufdeckung des Missbrauchs am Berliner Ca-
nisius-Kolleg im Januar 2010 hatten die Bischöfe es noch alleine mit einem von ihnen kontrollierten „Dialogprozess" versucht, der aber sehr schnell zu einem unverbindli-
chen „Gesprächsprozess" herabgestuft wurde und im Sande
verlief. Erst die erschütternden Ergebnisse der MHG-Studie
im Herbst 2018 und die Proteste vor allem der Frauen bei
der Bischofskonferenz im Frühjahr 2019 in Lingen führten
zur Einsicht, dass die Bischöfe auf die Zusammenarbeit mit
dem Zentralkomitee der deutschen Katholiken (ZdK) und
mit Expert*innen „von außen" angewiesen sind.

Der Vatikan hat sich in dieser kirchenpolitischen Gemengelage nicht als hilfreich erwiesen. Der unerwartete
Brief von Papst Franziskus „An das pilgernde Volk Gottes
in Deutschland" und andere Stimmen aus dem Vatikan lös-
ten 2019 ein sehr unterschiedliches Echo aus. Aber Franziskus spricht von einer „Zeitenwende", „die neue und alte
Fragen aufwirft, angesichts derer eine Auseinandersetzung berechtigt und notwendig ist". Er ermuntert zu einer
„freimütigen Antwort auf die gegenwärtige Situation" und
lobt, dass die Kirche in Deutschland „der Weltkirche große
heilige Männer und Frauen, große Theologen und Theologinnen sowie geistliche Hirten und Laien geschenkt" habe.
Franziskus spricht von einer „Synodalität von unten nach
oben", erst danach komme die „Synodalität von oben nach
unten".

Einüben in Geschwisterlichkeit

Papst Franziskus, der sich unter Bezug auf Paul VI. und das Zweite Vatikanische Konzil vehement für eine synodale Kirche auf allen Ebenen ausspricht, müsste daran seine Freude haben: Auf der ersten Vollversammlung des Synodalen Weges wurde so freimütig debattiert, so respektvoll zugehört wie lange nicht in einem offiziellen katholischen Gremium. Der Verzicht auf alle Machtsymbolik prägte die erste Synodalversammlung, schien aber einige doch zu irritieren.

Dieser Synodale Weg setzt einen grundlegenden Mentalitäts-, wenn nicht gar Paradigmenwechsel voraus, ganz im Sinne des bischöflichen Wortes „Gemeinsam Kirche sein" (2015). Denn auch formale Strukturen, gerade in einer so auf Tradition und Symbolik ausgerichteten Kirche, sind Teil der kirchlichen Botschaft. Und alle Versuche, den Glauben und die Evangelisierung neu in den Mittelpunkt zu stellen, können nur vor der Kulisse veränderter Strukturen Früchte tragen. Am Rande der ersten Synodalversammlung und der fünf Regionenkonferenzen waren Reformgruppen, Frauenverbände und Maria 2.0 sehr präsent als Hoffnungsträgerinnen einer gewandelten Kirche. Zumindest einige Bischöfe brachten zum Ausdruck, dass die Kirchenleitung den Kontakt zu den Frauen nicht ganz verlieren will. Aber nur freundlich miteinander zu reden wird nicht mehr ausreichen.

Dynamik der Widerstände

Die Corona-Krise hat bestehende Entfremdungsprozesse zwischen Kirchenleitung und Kirchenvolk verschärft und beschleunigt. Nach der völlig unerwarteten und äußerst irritierenden Instruktion der Klerus-Kongregation im Juli 2020 äußerten manche gar, nun habe sich der Synodale Weg ganz erledigt. Der ohne jede Konsultation mit den Kirchen vor Ort in Rom erstellte lebens- und glaubensfremde Text tut so, als hätten wir in Deutschland noch nie über missionarische Pfarreien nachgedacht. Hat die Klerus-Kongregation die wissenschaftlichen und pastoralen Debatten der letzten 50 Jahre nicht zur Kenntnis genommen? Doch weder die Corona-Krise noch die jüngste Instruktion der Klerus-Kongregation darf den mühsam begonnenen, dringend notwendigen Reformprozess abbremsen oder gar zum Stillstand bringen, appellierte ein Offener Brief der KirchenVolksBewegung, der auf viel Zustimmung stieß. Es brauche ein breites Bündnis der Reformkräfte, auch in der Bischofskonferenz.

Natürlich kann die römisch-katholische Kirche nicht einfach nach Belieben ihre Lehre ändern. Aber die vier Foren des Synodalen Wegs behandeln Themen, über die seit dem Zweiten Vatikanischen Konzil (1962–1965) debattiert wird. Doch das Kirchenvolk wurde von Jahrzehnt zu Jahrzehnt vertröstet. Kardinal Müller redet von Rom aus der Kirche in Deutschland herein: „Es ist kaum anzunehmen, dass ein Gremium wie der Synodale Weg in Deutschland für sich den Heiligen Geist reklamieren könnte", so in der „Tagespost" zitiert.

Die Warnungen einzelner Bischöfe vor einer deutschen Nationalkirche, einer Kirchenspaltung oder einer theologisch niveaulosen Debatte bauen eine falsche und höchst ungute Drohkulisse auf. Höchst ungut ist zudem der Versuch medialer Einflussnahme durch konservativ-traditionalistische Kräfte, auch aus dem Ausland.

Dienst an der Weltkirche

International findet der Synodale Weg schon jetzt große Beachtung. Weltweit werden Hoffnungen darauf gesetzt, dass auf die Krisen der Gegenwart pastoral verantwortliche und theologisch fundierte Antworten gefunden werden. Wir brauchen eine Weiterentwicklung der kirchlichen Lehre. Die Vorschläge für zeitgemäße Dienste und Strukturen sollten von der großen Mehrheit aller Teilnehmenden, auch der Bischöfe, mitgetragen werden. Nach dem aktuellen Kirchenrecht muss die Umsetzung ohnehin durch jeden einzelnen Bischof für sein Bistum erfolgen. Und viele der grundsätzlichen Fragen wie der Pflichtzölibat für Priester oder die Weihe von Frauen sind und bleiben dem Papst oder gar einem Konzil vorbehalten.

Der Synodale Weg in Deutschland will und kann auch mit noch so guten Beratungen und Beschlüssen die Weltkirche nicht direkt verändern. Doch die durch die Missbrauchsskandale offenbar gewordene Kirchenleitungskrise und die Verweigerung von zeitgemäßen Reformen gibt es nicht nur in Deutschland. Weltweit, das zeigen die Missbrauchsskandale, befindet sich die römisch-katholische Kirche in einer existenziellen Krise. Wenn es aber hier in Deutschland gelingen sollte, eine theologische Auseinandersetzung auf der Höhe der Zeit zu führen und tragfähige Lösungsvorschläge für die aufgestauten Reformen zu finden, dann werden diese auch vom Vatikan nicht mehr ignoriert werden können. Dies wäre dann kein deutscher Sonderweg, sondern ein Dienst an der Weltkirche. Ohne vorzeigbare Ergebnisse und ohne deren Anerkennung durch Rom jedoch wird die katholische Kirche weiter an Glaubwürdigkeit verlieren und es werden selbst die gehen, die sich jetzt noch engagieren.

Gretchenfrage Frauenfrage

Das katholische Amtssystem ist in einer tiefen Krise und die Geschlechtergerechtigkeit ist ein Schlüsselproblem. Nicht die Weihe von Frauen muss begründet werden, sondern deren Ausschluss! Die offene, auch kontroverse Diskussion in der Arbeitsgruppe „Frauen" lässt zumindest hoffen. Viele Reformen wurden dort aufgelistet, die auch ohne Änderungen im Kirchenrecht schon jetzt umgesetzt werden könnten. Am Ende könnte als erster Schritt in der Weihefrage die möglichst einstimmige Empfehlung des Ständigen Diakonats der Frau in einer synodal-diakonischen Kirche mit neu gestalteten Ämtern stehen – ähnlich dem Votum der Würzburger Synode vor 45 Jahren.

Verbandsfrauen, Ordensfrauen und Initiativen schweigen nicht mehr angesichts der bislang nur verbalen Beteuerungen einer gleichen Würde der Frau und ihrer Wertschätzung. Im Zuge der eskalierenden Krise in der katholischen Kirche sind sie gemeinsam fest entschlossen, Schluss zu machen mit Missbrauch, Klerikalismus und einer patriarchal verfassten Kirche, die Frauen keinen gleichberechtigten und selbstbestimmten Platz einräumt. Einen Platz, den ihnen auch die neuere Bibel- und Kirchengeschichtsforschung zugesteht. Die Zeichen der Zeit müssen erkannt werden und ihren Niederschlag in der Lehre finden. Die Lehre der Kirche ist keine Ansammlung von überlieferten Glaubensformen, sie muss vielmehr das Ur-Vertrauen, dass Gott auf unserer Seite steht, in unsere Zeit hinein neu sprechen, damit Kirche eine Zukunft hat.

Die Zeit drängt

Viele Chancen wurden verpasst, manche sehen den Synodalen Weg als „letzte Chance". Das Papier „Dialog statt Dialogverweigerung" (1992) des ZdK, in dem bereits der Abschied vom Klerikalismus, Patriarchat und Zentralismus angemahnt wurde, das KirchenVolksBegehren Wir sind Kirche 1995 mit 1,8 Millionen Unterschriften, der unverbindliche „Dialog-/Gesprächsprozess" (2011–2015) der deutschen Bischöfe sowie viele andere Reformprozesse und -initiativen der vergangenen Jahrzehnte – sie alle blieben ohne kirchenamtliche Folgen. Dem Vorschlag der „Gemeinsamen Konferenz" für ein „Zukunftsforum" erteilten die Bischöfe noch 2008 eine Absage. Reformgruppen wie „Wir sind Kirche" wurden weder beim Gesprächsprozess 2011–2015 noch beim Synodalen Weg mit einbezogen.

Der Synodale Weg ist ein steiniger Weg und muss es sein. Erst wenn nach einer fundierten Debatte wirkliche Reue, Umkehr und Neuorientierung erkennbar und auch konkrete Veränderungen umgesetzt werden, verdient es die verfasste Kirche, dass die Menschen ihr wieder Glaubwürdigkeit zuerkennen. Dazu gibt es keine Alternative. Ein grundlegender Wandel in Lehre und Struktur, in Theologie und Pastoral ist dringend notwendig, wenn das Christentum auch zukünftig noch relevant für die Menschen sein will.

Die Zeit drängt. Das Zeitfenster, in dem die Kirche ihre Glaubwürdigkeit wiedererlangen kann, schließt sich. Nur gemeinsam als Kirchenvolk und Kirchenleitung können wir die Zukunft der Kirche so gestalten, dass sie vielen wieder Heimat werden kann: eine Kirche der Glaubenden, der Hoffenden und der Liebenden, die die Themen der Menschen heute aufgreift, nämlich weltweite Solidarität und Bewahrung der Schöpfung. Suchen wir gemeinsam nach neuen Wegen, die wir im Vertrauen auf die Heilige Geistkraft gehen können;

nach Wegen, die viele mitgehen können, die an der realen Kirche verzweifelt sind, aber den Glauben an die frohe Botschaft vom Reich Gottes nicht aufgegeben haben; nach Wegen, die zu gehen auch Jugendliche und junge Erwachsene begeistern kann. Denken wir das Unmögliche: Wer keine Utopie hat, ist kein Realist. Helfen wir hier in Deutschland Papst Franziskus, der eine synodale Kirche auf allen Ebenen will!

All diejenigen, die immer noch grundsätzlich an der Notwendigkeit des Synodalen Weges zweifeln, sollten sich die tiefe Vertrauens- und Glaubwürdigkeitskrise bewusstmachen, die die jahrzehntelang praktizierte und vertuschte sexualisierte Gewalt an Kindern, Jugendlichen, Seminaristen, Frauen und sogar Ordensfrauen verursacht hat. Prof. Thomas Söding ist zuzustimmen, der bei der ersten Synodalversammlung sagte: „Wir werden in der Synodalversammlung nicht alle Probleme der katholischen Kirche lösen. Aber wir müssen dort anpacken, wo man sich die Finger verbrennen kann."

Widerspruch und Glaube

Lisa Kötter, *1960, Münster, Künstlerin,
Mitgründerin der Bewegung „Maria 2.0"

Werdet doch evangelisch! Geht doch, wenn es euch nicht passt! Gründet euren eigenen Verein, und lasst uns in Ruhe! Ihr spaltet! – Vier häufige Reaktionen auf Maria 2.0, von „aufrechten" Katholiken.

Wie viele Menschen, die sich bei Maria 2.0 mitbewegen, bin ich kurz nach meiner Geburt getauft worden. Die Kindheit bewegte sich im Reigen des Kirchenjahres. Von Anspannung zum Jubel, von Ungeduld zur Erfüllung, von Verzicht zur Sinnenfreude, von Langeweile zur Begeisterung – alles eingebettet zwischen Weihnachten und Ostern, zwischen Pfingsten und Weihnachten.

Gelebter Glaube war nicht nur die Sonntagsmesse. Er war sichtbar im All-Täglichen. Kein Essen ohne Dank, kein Aus-dem-Haus-Gehen ohne Segen, kein Schlafengehen ohne Nachtgebet, kein Namenstag ohne Schokolade, keine Fastenzeit ohne Verzicht. Kein Ostern ohne Glockengeläut und verschwenderischem Schwelgen bis zum Bauchweh am Abend.

Geborgen war es. Streng war es. Im Heranwachsen immer schwieriger: Je mehr und grundsätzlichere Fragen ich hatte, desto mehr wurden sie, gar kopfschüttelnd, abgewiesen. Weil man nicht, schon gar nicht als Mädchen, zu hinterfragen hatte.

Je unverständlicher die Widersprüche, desto drängender die Fragen. Schwer erträglich, dass gerade die drängendsten und grundsätzlichsten Fragen oft als „ungehörig", ja als häretisch, blasphemisch oder einfach als naiv und dumm galten und immer noch gelten. Dabei sind es immer Fragen und Zweifel, die einem Erkenntnisgewinn vorausgehen. Im berühmten Märchen „Des Kaisers neue Kleider" von Hans Christian Anderson wird Unsinn entlarvt und das Scheinheilige enttarnt durch das „Aber" und den Zweifel des Kindes.

Fragen zu stellen ist überlebenswichtig, gerade wenn Kirche ein Teil der eigenen Identität ist. Auch der Verstand ist ein Gottesgeschenk. Und ist er wach, so ist es unerträglich, ihn an der Kirchentür abgeben zu sollen. Wenn Zugehörigkeit zur inneren Qual wird, weil sich Heil-loses entwickelt oder Verbrechen sichtbar werden, werden Fragen und Zweifel, und durchaus auch Vorwürfe, zur Pflicht. Alles andere wäre Komplizenschaft.

Wenn ich Bischöfe frage: „Was, meint ihr, bevollmächtigt euch, Männer zu Priestern zu weihen?", ernte ich meistens von leisen Seufzern begleitetes väterliches Lächeln. Dann wird, mit all den bekannten Argumenten, manchmal begleitet mit Bedauern in der Stimme –, *nicht* erklärt, warum sie Männer zu Priestern weihen, sondern warum sie Frauen nicht zu Priesterinnen weihen. Meine Frage aber ist nicht die nach dem Priestertum der Frau. Ich frage nach dem jesuanischen Auftrag, Menschen zu weihen. Ich sehe ihn nicht. Menschen zu privilegieren oder auszuschließen, und dies mit Tradition zu begründen, ist eine übliche aber unheilvolle Gewohnheit.

Was aber hindert uns, unbefangen zu fragen? Ist es die seltsame Mischung „katholisch-dunkel-bitter" aus Tradition, Rechthaberei und Angst? Fragen und Zweifel sind notwendig als Teil eines Denkprozesses, der uns formt, hin zu unserem Glauben, zu einer Gottesbeziehung, zum Handeln aus der Frohen Botschaft heraus. Fragen, und durchaus auch Zweifel, sind Instrumente der Reifung und des Wandels.

Viele katholische Menschen haben Angst davor. Hinterfragen, gar zu zweifeln ist undenkbar. Sie haben Angst vor Un-Haltbarkeit, Halt zu verlieren. Alles soll so bleiben, wie es scheinbar immer war, so, wie sie es gelernt haben von Kindheit an. Richtig und Falsch müssen fein säuberlich getrennt aufbewahrt sein in Kopf und Herz. Verdammnis droht, wenn da etwas durcheinanderkommt.

Unhinterfragte Gewohnheit, sprich Tradition, ist wie ein Korsett, das einen zwar hält, aber gleichzeitig daran hindert, eigene Muskeln aufzubauen, um sich selbst aufrecht zu halten. Ein Korsett, dass nur durch Vorgabe der Haltung Halt gibt. Tanzen und Schwingen damit ist schwer. Wo die Geistkraft weht, muss man aber mitschwingen – Starrheit führt da zu Bruch und Spaltung.

Wer wenn nicht wir sollten Zuversicht und Mut haben? Dafür haben wir einen guten Grund! Wir haben nichts zu verlieren, wir müssen uns immerzu wandeln, immer weiter gehen auf dem Weg, mit Jesus durch unsere Zeit. Lebendig bleiben. Um unseren Glauben ringen, immer von Neuem. Ohne Netz und doppelten Boden. Ohne zweites Paar Sandalen. Zugewandt, fragend, unbequem, humorvoll, deutlich. Wovor sich fürchten?

Streit um die Gardinen?
Ein Blick aus weltkirchlicher Perspektive auf den Synodalen Weg

Prof. Dr. Stefan Silber (*1966),
Katholische Hochschule Nordrhein-Westfalen,
Angewandte Theologie, Paderborn

„Das Haus brennt, und wir diskutieren über die Farbe der Gardinen." Diesen zynischen Kommentar konnte ich mir schon früher nicht verkneifen, wenn es um Reformen in der katholischen Kirche Deutschlands ging. Seit Greta Thunberg mit viel Nachdruck immer wieder darauf hingewiesen hat, dass „unser Haus brennt", und seit die Bilder der Brände in Amazonien, Kalifornien, Australien usw. immer häufiger auch in unsere Wohnzimmer und auf unsere Smartphones gelangen, stelle ich mir diese Frage immer wieder: Haben wir keine anderen Probleme als die Farbe der Gardinen?

Amazonien ist nämlich gar nicht so weit weg von uns, wie wir manchmal denken, darum lohnt sich auch beim Nachdenken über den Synodalen Weg in Deutschland ein Blick über unseren Tellerrand und darauf, wie die Kirche in anderen Regionen der Welt ihre Herausforderungen angeht: Die Bischofssynode für Amazonien 2019 zum Beispiel diskutierte die ‚brennenden' Probleme der Welt und der Menschheit öffentlich und wahrnehmbar. In ihrem Abschlussdokument stellen die Bischöfe eine beeindruckende Liste dieser Probleme zusammen, die auch auf die breiten Konsultationen vor der Synode zurückgehen, und die – auch im Dokument selbst – noch durch weitere Themen wie Migration, Vertreibung und Landflucht ergänzt wird:

„Enteignung und Privatisierung von Naturgütern, sogar von Wasser; legale Waldkonzessionen und das Eindringen von illegalen Holzfirmen; ausbeuterisches Jagen und Fischen; nicht-nachhaltige Großprojekte (Wasserkraftwerke, Waldkonzessionen, massives Abholzen von Bäumen), Monokulturen, Straßen, Wasserstraßen, Eisenbahnen, Bergbau- und Erdölprojekte, die durch extraktivistische Industrie und städtischen Müll verursachte Verseuchung und vor allem der Klimawandel. Diese realen Bedrohungen haben schlimme soziale Folgen: durch Verseuchung verursachte Krankheiten, Drogenhandel, illegal bewaffnete Gruppen, Alkoholismus, Gewalt gegen Frauen, sexuelle Ausbeutung, Menschenhandel, Organhandel, Sex-Tourismus, Verlust der ursprünglichen Kultur und Identität (Sprache, spirituelle Praktiken und Bräuche), Kriminalisierung und Ermordung von Verantwortlichen und Verteidigern des Territoriums." (Bischofssynode – Sonderversammlung für Amazonien. Amazonien: Neue Wege für die Kirche und eine ganzheitliche Ökologie. Schlussdokument [25.10.2019])

Die Bischöfe bekennen daraufhin, dass diese Herausforderungen ihres Kontextes sie unmittelbar spirituell angehen: „Das Hören auf die Klage der Erde und den Schrei der Armen und der Völker Amazoniens, mit denen wir auf dem Weg sind, ruft uns zu einer wahrhaft ganzheitlichen Umkehr auf". Das ist erstaunlich: Bischöfe der katholischen Kirche bekennen, dass sie sich bekehren müssen, und zwar angesichts der Armen und Ausgeschlossenen. Sie rufen nicht die ‚Völker Amazoniens' zur Umkehr auf, sondern werden selbst dazu gerufen. Wer ruft uns in Deutschland zur Umkehr auf?

In dem Jahr seit der Synode habe ich diesen Text mehrfach in verschiedenen Kursen SeelsorgerInnen, Ehrenamtlichen und Studierenden vorgelegt. Nach der gemeinsamen Lektüre dieser Liste stellte ich ihnen jeweils die Frage: Was sind die Herausforderungen unseres Kontextes – „Ihrer konkreten Kontexte" – für die Kirche in Deutschland? Wie würde unsere Liste aussehen? Das Ergebnis einer kleinen

Gruppenphase, die wir im Plenum einander vorstellten, war jeweils sehr ergiebig:

Da waren zunächst verschiedene sozialpolitische Themen: Armut in Deutschland, Nahverkehr, Wohnraum, prekäre Arbeit, Altersarmut, Pflege, Wegwerfgesellschaft, Gewalt gegen Frauen, Bauernsterben, Landflucht, Verstädterung. Einen anderen Schwerpunkt bildeten ökologische Themen wie Massentierhaltung, Grundwasser, Waldsterben, Flächenfraß, Versiegelung, Tagebau, Bergbau usw. Auch der Blick auf die Verantwortung für die weite Welt, mit Migrationsfragen, Rüstungsexport und Klimawandel, fehlte nicht. Schließlich wurden auch eher sozialpsychologische Themen wie Depressionen, Stress, zu hohe Anforderungen und Vereinsamung genannt.

Da sind sie also, unsere Herausforderungen, unsere Rufe zur Umkehr: Unser Kontext, unsere Welt, die Menschen, mit denen wir leben, rufen auch „uns zu einer wahrhaft ganzheitlichen Umkehr auf". Was hindert uns als Kirche daran, auf diese Rufe zu reagieren, sie als spirituelle Herausforderungen zu begreifen und umzukehren? Sie zum Maßstab unseres pastoralen Handelns zu machen? Unsere pastoralen Strukturen, Ausbildungsrichtlinien, Lehrpläne, Personalpläne – unsere gesamte Pastoral könnte von dieser ganzheitlichen Umkehr durchdrungen werden und sich völlig neu aufstellen. Das könnte zu einer neuen Glaubwürdigkeit, zu einer neuen Lebendigkeit der Kirche in Deutschland beitragen.

Alfred Delp, 1945 im Gefängnis ermordet, schrieb wenige Wochen vor seinem Tod, die Zukunft der Kirchen werde von ihrer „Rückkehr [...] in die Diakonie" abhängen, „und zwar von einem Dienst, den die Not der Menschheit bestimmt" (Alfred Delp: Im Angesicht des Todes, Frankfurt: Knecht 1965, 139f.). Es ging ihm da nicht um ‚Diakonie' als evangelisches Pendant zu unserer ‚Caritas', sondern um eine offene pastorale Grundhaltung den Menschen gegenüber. Delp charakterisiert damit ziemlich genau die Denkweise, die auch die Bischöfe Amazoniens bestimmt: Die ‚Not der Menschheit' bestimmt den Dienst der Kirche. Delp fährt fort, mit Blick auf die ‚Rückkehr in die Diakonie':

„Damit meine ich das Sich-Gesellen zum Menschen in allen seinen Situationen mit der Absicht, sie ihm meistern zu helfen, ohne anschließend irgendwo eine Spalte oder Sparte auszufüllen. Damit meine ich das Nachgehen und Nachwandern auch in die äußersten Verlorenheiten und Verstiegenheiten des Menschen [...]. ‚Geht hinaus' hat der Meister gesagt, und nicht: ‚Setzt euch hin und wartet ab, ob einer kommt'." (Alfred Delp: Im Angesicht des Todes, Frankfurt: Knecht 1965, S. 141)

Für Papst Franziskus erfordert dies eine „pastorale Umkehr" (EG 25), eine Bekehrung: Diese Haltung muss „alles [...] verwandeln, damit die Gewohnheiten, die Stile, die Zeitpläne, der Sprachgebrauch und jede kirchliche Struktur" ihr entsprechen und „mehr der Evangelisierung [...] als der Selbstbewahrung" (EG 27) dienen, also der Umwandlung der Welt im Sinn der guten Nachricht, an die wir glauben.

Welche Fragen bewegen uns in den kirchlichen Reformprozessen in Deutschland? Nehmen wir die Nöte, Probleme, Sorgen, Freuden und Hoffnungen der Menschen, die hier leben, als Ruf zur Umkehr auf? Lassen wir uns von den ‚brennenden' Problemen der Menschheit an unsere Verantwortung erinnern? Was hilft es der Welt, dass es die Kirche gibt? Was muss sich bei uns ändern, damit die Welt (nicht die Kirche!) dem Reich Gottes ähnlicher wird?

Ich denke, dass diese Frageperspektive wichtig ist: Was muss die Kirche an ihren eigenen Strukturen ändern, um in der Welt handlungsfähig zu werden? Die Themen, die sich der Synodale Weg als Schwerpunkte gesetzt hat, sind dabei wichtig. Sie gehören zu den Bereichen in der Kirche, die eine dringende Umkehr nötig haben. Aber die aktuellen brennenden Herausforderungen der Menschheit erfordern eine viel weitergehende, tiefer reichende Bekehrung von der Kirche in Deutschland. Diesem Umkehrruf sollten wir nicht ausweichen.

Eröffnungsgottesdienst der ersten Synodalversammlung des Synodalen Weges am 30.01.2020 im St.-Bartholomäusdom in Frankfurt am Main
© Synodaler Weg/Malzkorn

© Synodaler Weg/Nadine Malzkorn

©: Synodaler Weg/Nadine Malzkorn